Markus Oermann
**Individualdatenschutz im europäischen Datenschutzrecht**

Reihe Politikwissenschaften
Band 18

Markus Oermann

# Individualdatenschutz im europäischen Datenschutzrecht

Eine theoriegeleitete Analyse

CENTAURUS VERLAG & MEDIA UG

**Über den Autor:**
Markus Oermann studierte Rechtswissenschaft, Politikwissenschaft und Philosophie an der Johannes Gutenberg-Universität Mainz. Derzeit promoviert er an der Graduate School Media and Communication Hamburg. Er ist wissenschaftlicher Mitarbeiter des Hans-Bredow-Instituts, Hamburg sowie des Alexander von Humboldt Instituts für Internet und Gesellschaft, Berlin.

**Bibliografische Informationen der Deutschen Nationalbibliothek**
Die Deutsche Nationalbibliothek verzeichnet diese Publikation in der Deutschen Nationalbibliografie; detaillierte bibliografische Daten sind im Internet über http://dnb.d-nb.de abrufbar.

Gedruckt auf säurefreiem und chlorfrei gebleichtem Papier.

ISBN 978-3-86226-194-9   ISBN 978-3-86226-937-2 (eBook)
DOI 10.1007/978-3-86226-937-2

ISSN 0933-8004

*Alle Rechte, insbesondere das Recht der Vervielfältigung und Verbreitung sowie der Übersetzung, vorbehalten. Kein Teil des Werkes darf in irgendeiner Form (durch Fotokopie, Mikrofilm oder ein anderes Verfahren) ohne schriftliche Genehmigung des Verlages reproduziert oder unter Verwendung elektronischer Systeme verarbeitet, vervielfältigt oder verbreitet werden.*

*© Centaurus Verlag & Media KG, Freiburg 2012*
www.centaurus-verlag.de

Umschlaggestaltung: Jasmin Morgenthaler, Visuelle Kommunikation
Umschlagabbildung: Lydia Oermann
Satz: Vorlage des Autors

Für Lydia, Randolf, Eva, Barbara, Sandra und meine Oma

# Vorwort

Eine frühere Version dieser Arbeit lag im Herbst 2011 dem Fachbereich Sozialwissenschaften, Medien und Sport der Johannes Gutenberg-Universität Mainz als Magisterarbeit im Fach Politikwissenschaft vor. Für ihre Betreuung und Unterstützung bei der Erstellung dieser Arbeit danke ich ganz herzlich Prof. Dr. Ruth Zimmerling.

Zudem danke ich dem Studienförderwerk Klaus Murmann der Stiftung der Deutschen Wirtschaft, das mein Studium durch ein Stipendium unterstützt hat, insbesondere Heike Igel, Carolin Silbernagl, Girina Holland und Prof. Dr. Andreas Lenel.

Zuletzt danke ich Prof. Helen Nissenbaum, die mir einen Forschungsaufenthalt an der New York University ermöglicht hat, sowie meiner Schwester Eva für ihre Mühen bei der Korrektur meiner Fehler.

Man ist, wer man ist, nicht durch sich selbst allein.

Markus Oermann
Hamburg, im August 2012

# Inhaltsverzeichnis

Tabellenverzeichnis   XIII
Abkürzungsverzeichnis   XIV

1. Einleitung   1
2. Begriffsklärungen   4
   - 2.1 Subjektives Recht   4
   - 2.2 Information, Informationen und Daten   5
   - 2.3 Privatsphäre und privacy   7
   - 2.4 Personenbezogenheit von Informationen   8
3. Liberale und libertäre Argumentationsfiguren zur Begründung eines Rechts auf informationelle Selbstbestimmung   10
   - 3.1 Kritik an der Notwendigkeit ein eigenes Recht auf informationelle Selbstbestimmung zu begründen   13
   - 3.2 Das Begrenzungsargument   15
   - 3.3 Das Persönlichkeitsargument   17
   - 3.4 Das liberale Rollenargument   20
   - 3.5 Sicherung freier demokratischer und sozialer Teilhabe   23
   - 3.6 Liberale Argumentationsfiguren im Anschluss an John Rawls   24
   - 3.7 Liberale Anforderungen an den rechtlichen Schutz personenbezogener Informationen   26
   - 3.8 Libertäre Argumentationsfiguren im Anschluss an Robert Nozick – Das Eigentumsargument   29
   - 3.9 Libertäre Anforderungen an den rechtlichen Schutz personenbezogener Informationen   31
4. Kommunitaristische Perspektive   32
   - 4.1 Kommunitaristische Kritik am Konzept individueller informationeller Selbstbestimmung   34
   - 4.2 Kommunitaristische Argumentationsfiguren zur Begründung des Schutzes personenbezogener Informationen   35
   - 4.3 Kommunitaristische Anforderungen an den rechtlichen Schutz personenbezogener Informationen   38
5. Sphärentheorie des Datenschutzrechts   40
   - 5.1 Michael Walzers Sphärentheorie der Gerechtigkeit   40
   - 5.2 Jeroen van den Hovens Konzept der informationellen Ungerechtigkeit   41
   - 5.3 Helen Nissenbaums Konzept der kontextuellen Integrität   42
   - 5.4 Anforderungen an den rechtlichen Schutz personenbezogener Informationen nach der Sphärentheorie   44

| | | |
|---|---|---|
| 6. | Analyse des europäischen Datenschutzrechts | 46 |
| 6.1 | Die Kompetenz der Europäischen Union im Datenschutzrecht | 46 |
| 6.2 | Die Rechtsquellen des europäischen Datenschutzrechts im Überblick | 48 |
| 6.3 | Der Ausgangs- und Bezugspunkt: Die Datenschutzrichtlinie RL 95/46/EG | 49 |
| 6.3.1 | Definitionen und Anwendungsbereich | 50 |
| 6.3.2 | Die vier Kategorien europäischer Datenschutzvorschriften und die Grundzüge der inhaltlichen Regelungen der DSRL | 52 |
| 6.3.3 | Analyse im Hinblick auf die Erfüllung der theoretischen Anforderungsprofile | 55 |
| 6.4 | Analyse der Datenschutzrichtlinie im Bereich der Telekommunikation RL 97/66/EG | 58 |
| 6.4.1 | Definitionen und Anwendungsbereich | 58 |
| 6.4.2 | Grundzüge der inhaltlichen Regelungen | 58 |
| 6.4.3 | Analyse im Hinblick auf die Erfüllung der theoretischen Anforderungsprofile | 60 |
| 6.5 | Analyse der EG-Verordnung VO Nr. 45/2001 | 62 |
| 6.5.1 | Definitionen und Anwendungsbereich | 62 |
| 6.5.2 | Grundzüge der inhaltlichen Regelungen | 63 |
| 6.5.3 | Analyse im Hinblick auf die Erfüllung der theoretischen Anforderungsprofile | 64 |
| 6.6 | Analyse der Datenschutzrichtlinie für elektronische Kommunikation RL 2002/58/EG | 66 |
| 6.6.1 | Definitionen und Anwendungsbereich | 67 |
| 6.6.2 | Grundzüge der inhaltlichen Regelungen | 67 |
| 6.6.3 | Analyse im Hinblick auf die Erfüllung der theoretischen Anforderungsprofile | 69 |
| 6.7 | Analyse der Richtlinie zur Vorratsdatenspeicherung von Kommunikationsdaten RL 2006/24/EG | 71 |
| 6.7.1 | Definitionen und Anwendungsbereich | 72 |
| 6.7.2 | Grundzüge der inhaltlichen Regelungen | 72 |
| 6.7.3 | Analyse im Hinblick auf die Erfüllung der theoretischen Anforderungsprofile | 74 |
| 6.8 | Analyse des Grundrechts auf Datenschutz in der Grundrechtecharta nach dem Vertrag von Lissabon und des Rahmenbeschlusses 2008/977/JI | 76 |
| 6.8.1 | Anwendungsbereich des europäischen Datenschutzgrundrechts | 76 |
| 6.8.2 | Inhalt von Art. 8 GRC | 78 |
| 6.8.3 | Der Rahmenbeschluss 2008/977/JI: Anwendungsbereich und Grundzüge der inhaltlichen Regelungen | 79 |
| 6.8.4 | Analyse im Hinblick auf die Erfüllung der theoretischen Anforderungsprofile | 81 |
| 6.9 | Analyse der 'e-Privacy'-Richtlinie RL 2009/136/EG | 83 |
| 6.9.1 | Definitionen und Anwendungsbereich | 84 |
| 6.9.2 | Grundzüge der inhaltlichen Regelungen | 84 |

| | | |
|---|---|---|
| 6.9.3 | Analyse im Hinblick auf die Erfüllung der theoretischen Anforderungsprofile | 85 |
| 6.10 | Analyse des Vorschlags der EU Kommission für einen neuen Datenschutzrechtsrahmen | 88 |
| 6.10.1 | Die Datenschutz-Grundverordung: Definitionen und Anwendungsbereich | 89 |
| 6.10.2 | Grundzüge der inhaltlichen Regelungen der Datenschutz-Grundverordnung | 90 |
| 6.10.3 | Richtlinie für die Datenverarbeitung im Rahmen von Kriminalitätsprävention, Strafverfolgung und -vollstreckung: Anwendungsbereich und Grundzüge der inhaltlichen Regelung | 95 |
| 6.10.4 | Analyse im Hinblick auf die Erfüllung der theoretischen Anforderungsprofile | 98 |
| 6.10.5 | Bewertung des Kommissionsvorschlags für einen neuen Datenschutzrechtsrahmen – Chancen und Risiken | 101 |
| 6.11 | Zusammenfassung der Analyseergebnisse | 103 |
| 7. | Fazit | 107 |
| | Literaturverzeichnis | 109 |

# Tabellenverzeichnis

Tab. 1: Liberale Anforderungen an den rechtlichen Schutz personenbezogener Informationen 29
Tab. 2: Libertäre Anforderungen an den rechtlichen Schutz personenbezogener Informationen 32
Tab. 3: Kommunitaristische Anforderungen an den rechtlichen Schutz personenbezogener Informationen 39
Tab. 4: Anforderungen an den rechtlichen Schutz personenbezogener Informationen nach der Sphärentheorie 45
Tab. 5: Die vier Kategorien europarechtlicher Datenschutzvorschriften 53
Tab. 6: Veränderung des europarechtlichen Individualdatenschutzstandards (IDS) durch die RL 97/66/EG 61
Tab. 7: Veränderung des europarechtlichen Individualdatenschutzstandards (IDS) durch die VO Nr. 45/2001 65
Tab. 8: Veränderung des europarechtlichen Individualdatenschutzstandards (IDS) durch die RL 2002/58/EG 69
Tab. 9: Veränderung des europarechtlichen Individualdatenschutzstandards (IDS) durch die RL 2006/24/EG 74
Tab. 10: Veränderung des europarechtlichen Individualdatenschutzstandards (IDS) durch Art. 8 GRC und Rahmenbeschluss 2008/977/JI 82
Tab. 11: Veränderung des europarechtlichen Individualdatenschutzstandards (IDS) durch die RL 2009/136/EG 86
Tab. 12: Veränderung des europarechtlichen Individualdatenschutzstandard (IDS) durch den Reformvorschlag der Kommission vom 25.1.2012 99
Tab. 13: Veränderung der Zweckdefinitionen im europäischen Datenschutzrecht von der RL 95/46/EG bis zu DS-GrundVO und Straf-DSRL 103
Tab. 14: Veränderung des europarechtlichen Individualdatenschutzstandard (IDS) von der RL 95/46/EG bis zu DS-GrundVO und Straf-DSRL 105

# Abkürzungsverzeichnis

| | |
|---|---|
| ABl. | Amtsblatt (der Europäischen Union) |
| Abs. | Absatz |
| AEU | Vertrag über die Arbeitsweisen der Europäischen Union |
| Alt. | Alternative |
| Art. | Artikel |
| Aufl. | Auflage |
| BDSG | Bundesdatenschutzgesetz |
| BGBl. | Bundesgesetzblatt (der Bundesrepublik Deutschland) |
| BT-Drucks | Drucksache des Deutschen Bundestags |
| BVerfG | Bundesverfassungsgericht(-s) |
| d. h. | das heißt |
| DS-GrundVO | Vorschlag der Kommission für eine Datenschutzgrundverordnung vom 25.1.2012 |
| DSRL | Datenschutzrichtlinie RL 95/46/EG |
| DSRL-eK | Datenschutzrichtlinie für elektronische Kommunikation RL 2002/58/EG |
| DSRL-Telekom | Datenschutzrichtlinie im Bereich der Telekommunikation RL 97/66/EG |
| ebd. | ebenda |
| EG | Europäische Gemeinschaft |
| EGalt | Vertrag über die Gründung der Europäischen Gemeinschaft |
| EGMR | Europäischer Menschengerichtshof |
| elektr. Komm. | elektronische Kommunikation |
| EMRK | Europäische Menschenrechtskonvention |
| ePriv-RL | 'e-Privacy'-Richtlinie RL 2009/136/EG |
| etc. | et cetera |
| EU | Europäische Union |
| EuGH | Europäischer Gerichtshof |
| europ. | europäisch(-en) |
| EUV | Vertrag über die Europäische Union (Stand nach dem Vertrag von Lissabon zum 1.12.2009) |
| EUV-Nizza | Vertrag über die Europäische Union (Stand nach dem Vertrag von Nizza zum 1.2.2003) |
| f. | folgende |
| ff. | fortfolgende |
| FN | Fußnote |

| | |
|---|---|
| gemein. | gemeinschaftlich(-em) |
| GG | Grundgesetz für die Bundesrepublik Deutschland |
| ggü. | gegenüber |
| GRC | Charta der Grundrechte der Europäischen Union |
| grds. | grundsätzlich(-e) |
| Hrsg. | Herausgeber |
| IDS | Individualdatenschutzstandard |
| i. S. d. | im Sinne des |
| i. V. m. | in Verbindung mit |
| Jahrg. | Jahrgang |
| lit. | Buchstabe |
| mgl. | möglich |
| min. | mindestens |
| m. w. N. | mit weiteren Nachweisen |
| Nr. | Nummer |
| RB | Rahmenbeschluss |
| RL | Richtlinie |
| RN | Randnummer |
| Rs. | Rechtssache |
| S. | Satz |
| s. o. | siehe oben |
| sog. | sogenannte(-s, -r, -n) |
| Sphärenth. | Sphärentheorie |
| Straf-DSRL | Vorschlag der Kommission für eine Richtlinie über die Datenverarbeitung im Bereich der Kriminalitätsprävention und Strafverfolgung vom 25.1.2012 |
| t. | Zeit |
| Telekomm. | Telekommunikation |
| u. a. | unter anderem |
| Urt. | Urteil |
| v. | versus |
| Veränd. | Veränderung |
| verb. | verbundene |
| vgl. | vergleiche |
| VorrD-RL | Richtlinie zur Vorratsdatenspeicherung RL 2006/24/EG |
| VO | Verordnung |
| z. B. | zum Beispiel |
| Zuf. | Zusammenfassung |

# 1. Einleitung

Nachdem das Bundesverfassungsgericht mit seinem Urteil vom 2.3.2010 das deutsche Umsetzungsgesetz der europäischen Richtlinie zur Vorratsdatenspeicherung RL 2006/24/EG aufgrund eines Verstoßes gegen die informationellen Grundrechte der Bürger für mit dem Grundgesetz nicht vereinbar und damit nichtig erklärt hat (BVerfG, Urt. vom 2.3.2010 – 1 BvR 256/08, 263/08, 586/08 – Vorratsdatenspeicherung), herrscht erbitterter Streit darüber, ob und wenn ja, wie Deutschland seiner Pflicht zur Umsetzung dieser Richtlinie gerecht werden kann bzw. gerecht werden sollte. Dieser Streit verläuft auf verschiedenen Ebenen und an unterschiedlichen Fronten. So sind sich schon auf nationaler Ebene die Parteien in Deutschland nicht einig, ob die Vorratsdatenspeicherung, bei der Telekommunikationsunternehmen die Verbindungsdaten ihrer Kunden speichern, die wiederum von Behörden zum Zweck der Kriminalitätsprävention oder Strafverfolgung abgefragt werden können, sinnvoll und wünschenswert ist (vgl. Weiland 2011, Carstens 2012). Und während sich im Verhältnis zur EU die deutsche Justizministerin für eine Reform der Richtlinie mit dem Ziel eines weiter gehenden Individualdatenschutzes einsetzt (vgl. ebd.), haben andere Mitgliedsstaaten diese schon seit langem umgesetzt und wenden sie an, wobei sie teilweise noch über die Anforderungen der Richtlinie hinsichtlich Umfang und Dauer der Speicherung hinausgehen (vgl. Europäische Kommission 2011: 6-25).[1]

Wie mit Informationen über einzelne Personen umgegangen wird bzw. welche Regeln für diesen Umgang präferiert werden, unterscheidet sich, wie schon das Beispiel der Vorratsdatenspeicherung zeigt, von Land zu Land, von Gesellschaft zu Gesellschaft, von Kulturkreis zu Kulturkreis und innerhalb dieser möglicherweise noch je nach politischem Standpunkt oder ökonomischen Interesse (Moore 2003: 215). Dabei spielt das jeweilige Datenschutzrecht neben sonstigen sozialen oder kulturellen Regeln und Praktiken eine entscheidende Rolle. Das macht es besonders interessant, den theoretischen Hintergrund eines Datenschutzrechts zu beleuchten, welches den Ansprüchen und Gegebenheiten unterschiedlicher Staaten, Gesellschaften und Kulturen gerecht werden muss. Eine solche Situation besteht in der Europäischen Union, die mittlerweile 27 Mitgliedsstaaten umfasst und damit unterschiedliche Nationen, Kulturen und Gesellschaften unter ihrem Dach in einer politischen Gemeinschaft eint.

Wie können in einem derart komplexen und vielschichtigen politischen System Probleme beim Umgang mit Informationen über Personen, welche durch die technologische und soziale Entwicklung in immer größerem Umfang anfallen und die

---

[1] Siehe zum Inhalt der Richtlinie zur Vorratsdatenspeicherung RL 2006/24/EG auch näher unter 6.7.

mit den bestehenden sozialen Konventionen oder rechtlichen Normen teilweise nicht handhabbar sind, gelöst werden? Diese Frage verleiht der Diskussion über unterschiedliche theoretische Ansätze, welche sich mit der Begründung eines subjektiven Anspruchs auf Schutz personenbezogener Informationen beschäftigen, auch praktische Bedeutung: Schließlich muss sich die EU entscheiden, wie die entsprechenden Konfliktfälle gelöst werden sollen. Soll der Bürger ein Recht auf Schutz seiner Daten haben? Wie weit soll dieses Recht gehen? Wem gegenüber soll es gelten?

Dabei muss zwischen der moralischen Begründung eines subjektiven Rechts und seiner rechtlichen Gewährleistung (in Normen und Verfahren) unterschieden werden. Ziel der Arbeit ist es daher offenzulegen, welche moralischen Argumentationsfiguren in Bezug auf Individualdatenschutz geeignet sind, die Ausgestaltung und Entwicklung des europäischen Datenschutzrechts zu verstehen. Welche normativ-theoretischen Begründungsmuster bzw. daraus ableitbare Anforderungen an die rechtliche Ausgestaltung von Datenschutzregeln finden sich im europäischen Datenschutzrecht wieder? Die Beantwortung dieser Frage kann zugleich ein theoriegeleitetes Interpretationsraster für die zukünftige Entwicklung des europäischen Datenschutzrechts liefern.

Zu diesem Thema existiert im Hinblick auf beide Aspekte ein breites Spektrum an Literatur. So gingen und gehen entscheidende Impulse für die theoretische Diskussion über den Umgang mit personenbezogenen Informationen von in den USA arbeitenden Autoren[2] unterschiedlicher Fachdisziplinen – u. a. Rechtswissenschaft, Kulturwissenschaft, Soziologie und nicht zuletzt Politikwissenschaft – aus, was damit zu begründen ist, dass schon die ersten Arbeiten zu diesem Komplex in den USA verfasst wurden (vgl. Warren/Brandeis 1890), an die sich dann eine fortdauernde Auseinandersetzung mit dieser Fragestellung anschloss. Zudem treten durch die führende Position vieler US-amerikanischer Unternehmer in der Informations- und Kommunikationswirtschaft entsprechende Konfliktfälle dort besonders häufig und mit hoher Intensität auf (vgl. Nissenbaum 2010: 21-64).[3] Das europäische Datenschutzrecht wird dagegen vor allem von Rechtswissenschaftlern im Hinblick auf seine Auswirkungen auf die Rechtsordnungen der einzelnen Mitgliedsstaaten untersucht. Die entsprechenden Arbeiten deutscher Autoren werden herangezogen, soweit bei der Betrachtung des europäischen Datenschutzrechts Unklarheiten über den regulativen Inhalt der Normen beseitigt werden müssen. Zuletzt nehmen die

---

2 Im Folgenden werden Begriffe, die im Deutschen im generischen Maskulinum stehen, aufgrund der besseren Lesbarkeit nur in dieser Form verwendet, da sich der Versuch einer geschlechtsneutralen Formulierung aufgrund der vielfältigen Verweise auf nicht neutral formulierte Rechtstexte insbesondere im zweiten Teil der Arbeit als unzweckmäßig erwiesen hat.
3 In englischer Sprache vorliegende Literatur wird aus Gründen der besseren Lesbarkeit bei Zitateinschüben vom Verfasser ins Deutsche übersetzt, sofern es sich nicht um feststehende Begriffsbildungen, Definitionen oder Formulierungen handelt.

verschiedenen Institutionen der EU selbst ebenfalls oftmals Stellung zu Grundlagen und Absichten der von ihnen erlassenen Vorschriften. Auch solche Stellungnahmen werden ergänzend bei der Analyse der Normeninhalte verwendet.

Im ersten Teil der Arbeit werden nun ausgewählte theoretische Argumentationsfiguren, welche zur moralischen Begründung von Individualdatenschutz entwickelt wurden, gegenüber- und die ableitbaren Anforderungen an eine entsprechende rechtliche Normierung vorgestellt. Es soll gezeigt werden, auf welchen Prämissen diese beruhen, wie ihre logische Struktur aufgebaut ist und welche Schlussfolgerungen sich aus ihnen in Bezug auf die Frage des rechtlichen Datenschutzes ziehen lassen. Dabei werden die politiktheoretischen Ansätze von liberal und libertär (3.) sowie von kommunitaristisch argumentierenden Autoren (4.) und schließlich Vertretern der Sphärentheorie (5.) betrachtet, da ihre Arbeiten im Gegensatz etwa zu kommunistischen oder totalitären Ansätzen geeignet sind, Argumentationsmuster zu liefern, die zur Analyse von Erzeugnissen eines zumindest grundsätzlich mehrheitsdemokratisch konfigurierten politischen Systems, wie dem der Europäischen Union, genutzt werden können (vgl. Weber 2005: 72, FN 42). Die Auswahl der betrachteten Autoren und Texte erfolgt daher danach, wie gut sich hieraus Perspektiven für die anschließende Analyse des rechtlichen Schutzes personenbezogener Daten bzw. Informationen durch die EU gewinnen lassen. Eine vollumfängliche Darstellung aller theoretischen Positionen zur Frage des Umgangs mit personenbezogenen Informationen kann hingegen im Rahmen dieser Arbeit nicht geleistet werden (vgl. dazu ergänzend die Übersichten bei Cohen 2000: 1377-1423 und Nissenbaum 2010: 67-126).

Im zweiten Teil der Arbeit werden daran anknüpfend die europäischen Normierungen zum Datenschutzrecht sowie der jüngste Reformvorschlag der EU-Kommission in chronologischer Reihenfolge daraufhin untersucht, welche der vorgestellten Argumentationsfiguren bzw. Anforderungsprofile sich in der rechtlichen Umsetzung wiederfinden und ob die Anpassungen des europäischen Datenschutzreglements im Zuge von Reformen und neuen Normierungen zu einer kontinuierlich fortschreitenden Weiterentwicklung im Sinne dieser Anforderungen geführt hat (6.). Dabei kommt ein aus der inhaltlichen Untersuchung der ersten Datenschutzrichtlinie RL 95/46/EG gewonnenes Analyseraster zum Einsatz, welches vier verschiedene Kategorien von Vorschriften des europäischen Datenschutzrechts abbildet.

## 2. Begriffsklärungen

Ohne einen Rekurs auf Begriffe wie *subjektives Recht, Information, Daten* und *Privatsphäre* ist die Bearbeitung des gerade dargestellten Themas nicht zu leisten. Alle diese Begriffe leiden jedoch darunter, dass sie im Alltag in unterschiedlichsten Kontexten eingesetzt und somit mit verschiedenen Bedeutungsgehalten aufgeladen werden, die im Rahmen dieser Arbeit jedoch teilweise nicht von Belang sind. Daher sollen im Folgenden die wesentlichen Begriffe *subjektives Recht* (2.1), *Information, Informationen* und *Daten* (2.2), *Privatsphäre* (2.3) sowie abschließend der Bezug von Informationen zu Personen (2.4) kurz näher beleuchtet werden.

### 2.1 Subjektives Recht

Die Grundidee eines *subjektiven Rechts* besagt, dass in einem bestimmten sachlichen Zusammenhang eine Person als Inhaber des Rechts einen Anspruch auf einen Akt des Handelns oder Duldens gegen eine andere (natürliche oder juristische) Person hat; diese schuldet als komplementäres Gegenstück zu diesem Anspruch die entsprechende Pflicht (Hohfeld 1913: 30). Subjektive Rechte sind dabei aber keine eigenständig und unabhängig existierenden, moralischen Gegebenheiten, die nur in der gerade dargestellten einfachen Form vorkommen, sondern können vielmehr konzeptionell und strukturell komplexe Verknüpfungen von verschiedenen Pflichten oder Obliegenheiten unterschiedlicher anderer Beteiligter (etwa Personen, Gruppen oder Institutionen) und damit korrespondierenden Ansprüchen gegenüber diesen Adressaten sein (Moore 2003: 217; so bereits auch schon Hohfeld 1913: 27-58). Solange man sich dieser möglichen inhaltlichen Komplexität bewusst ist, ist es aber dennoch sinnvoll und hilfreich von *subjektiven Rechten* zu sprechen, da dies die Darstellung von moralischen Begründungsmustern für diese Rechte erheblich vereinfacht (Moore 2003: 217).

*Subjektive Rechte* können in kulturelle Bräuche, Riten und Sitten bzw. sozialen Konventionen eingehen bzw. in diesen verankert und so praktisch wirksam werden. In den modernen komplexen Gesellschaften werden für die Lösung bedeutender sozialer Konfliktfälle aber meist rechtliche Normen und Verfahren etabliert und angewendet. Solche rechtlichen Normen und Verfahren bieten den Vorteil, dass sie an gesellschaftliche Veränderungen – die selbst wiederum etwa durch technologische Entwicklungen ausgelöst werden – in rationalisierten und formalisierten Setzungsprozessen angepasst werden können, welche sich wiederum so ausgestalten lassen, dass sie auch moralischen Argumenten gegenüber offen sind bzw. diese aufnehmen und verarbeiten können (Fried 1970: 152). In rechtlichen Normen und Verfahren können zudem die unterschiedlichen Eigenschaften und Standpunkte der von den entsprechenden Regulierungen Betroffenen transparent abgebildet und zum Ausgleich gebracht werden. Dies ist insbesondere im Bereich des Datenschutzes, in welchem vielfältige Interessen, Rechtspositionen und unterschiedliche Wertvorstellungen in Bezug auf personenbezogene *Informationen* eine Rolle spielen, erforderlich.

## 2.2 Information, Informationen und Daten

*Informationen* bestimmen in zunehmenden Maß den Alltag des Menschen in den modernen Gesellschaften. Seit den 1960er Jahren sprechen daher verschiedene Autoren vom Entstehen eines neuen Gesellschaftstypus der 'Informationsgesellschaft' (vgl. Weber: 23-27). Allerdings ist nicht klar, was denn mit dem Begriff *Information* bezeichnet wird, was ihn inhaltlich ausmacht. Bei einem Versuch, dies näher zu beleuchten, ist zunächst von allen rechtlichen Implikationen oder Definitionen abzusehen. Aber auch wenn man nur den Gebrauch in der Alltagssprache betrachtet, leidet die begriffliche Schärfe daran, dass *Information* oft mit dem Prozess ihrer Vermittlung oder mit *Wissen* gleichgesetzt wird. Und da sich mit den Prozessen von Informationsvermittlung unterschiedliche wissenschaftliche Disziplinen beschäftigen, haben sich dementsprechend verschiedene wissenschaftliche Verständnisse von *Informationsvermittlung* und damit *Information* entwickelt:

Ein erster kommunikationswissenschaftlicher Definitionsversuch von *Informationsvermittlung* identifiziert zwei wesentliche Merkmale: Hier versteht man unter *Informationsvermittlung* im Sinne von Kommunikation einen Prozess zwischen Akteuren, der auf Zeichen bzw. Symbolen beruht und für die Beteiligten Sinn und damit letztlich Bedeutung vermittelt (Maletzke, 1963: 16-18). Ein solcher Kommunikationsprozess kann sowohl zwischen zwei Akteuren von Punkt zu Punkt als auch zwischen einem Akteur und einer Vielzahl von weiteren Teilnehmern stattfinden. Des Weiteren ist es möglich, dass die Informationsvermittlung über technische Hilfsmittel realisiert wird (ebd.: 21-24, 32).

Substrat bzw. Gegenstand eines solchen – wie auch immer konfigurierten – Kommunikations- bzw. Informationsvermittlungsprozesses ist *Information*. Darunter kann folglich eine geordnete Folge von Zeichen bzw. Symbolen, die für die Beteiligten am Informationsvermittlungsprozess einen Unterschied ausmacht, verstanden werden (Bateson 2001: 488, 582). In diesem Sinne kann man als *Information* "any difference that makes a difference" (Case 2007: 40 [im Anschluss an Bateson]) definieren. Art und Umfang des Unterschieds spielen nach dieser Definition keine weitere Rolle. Dieser kommunikationsbezogene Informationsbegriff zeichnet sich somit durch seine Neutralität in Bezug auf den Inhalt der Information aus.

Die semantische Sichtweise, welche auf die Bedeutung der verwendeten Zeichen abstellt (Maletzke: 1963: 17), versteht mit anderer Schwerpunktsetzung unter *Information* den möglichst weitgehenden "Ausschluss von Alternativen" (Weber 2005: 39) aus einer gegebenen Vielzahl an Möglichkeiten von Bedeutungen einer Aussage über einen Sachverhalt (ebd.). Der informationelle Gehalt einer Aussage steigt also nach dieser Definition in dem Maße, in dem mögliche Bedeutungen ausgeschlossen werden können (Bar-Hillel/Carnap 1953: 148-156; vgl. erläuternd Ott 2004: 125-127). Auch dieser Informationsbegriff ist inhaltsneutral.

Die mathematische bzw. nachrichtentechnische Sichtweise reduziert die begrifflichen Anforderungen an eine *Information* schließlich besonders stark, wenn sie sich bei der Analyse von Vermittlungsprozessen bzw. Signalübertragungen für die Sicherung der Störungsfreiheit dieser Prozesse interessiert und Information als "Maß für die Freiheit" (Weaver/Shannon 1976: 18) ansieht, ein bestimmtes zu übermittelndes Zeichen bzw. eine Nachricht aus einem Fundus von Zeichen bzw. Nachrichten auszuwählen (ebd.). *Information* ist damit quantifizier- und berechenbar und beschreibt die Eigenschaften einer Übertragung mittels eines technischen Informationsvermittlungssystems wie Telefon oder Internet (Krallmann/Ziemann 2001: 21). Die Bedeutung oder die Relevanz der übertragenen Nachricht ist auch nach dieser Definition nicht weiter von Belang, sinnvolle und sinnlose Nachrichten können den gleichen mathematischen Informationsgehalt haben (ebd.: 24).

Ein modernes Verständnis von *Information* kann nach alldem am Merkmal der Neutralität hinsichtlich des Inhalts zumindest von *Wissen* abgegrenzt werden.[4] Ob eine *Information* vorliegt, ist demnach u. a. unabhängig davon, ob der Informationsinhalt wahr oder falsch, zutreffend oder unzutreffend ist und ob ihn sich ein Mensch als Kenntnis angeeignet hat oder nicht. Des Weiteren ist festzuhalten, dass sich Information kategorial von anderen ontologischen Entitäten wie Materie oder Energie unterscheidet (Wiener 1948: 132; vgl. Sieber 1989: 2573).

Neben die dargestellten Versuche, den Begriff *Information* zu definieren, treten des Weiteren verschiedene Verwendungszusammenhänge, in denen der Begriff *Information* eine Rolle spielt und die sein Verständnis mitprägen. So werden Informationen in der Ökonomie heute als Waren behandelt, die zu einem Preis handelbar sind (vgl. dazu näher unter 3.8). In den Medienwissenschaften wiederum dient der Begriff zur Klassifizierung von bestimmten Angeboten, vor allem im Gegensatz zu Unterhaltungsformaten (vgl. Hasebrink/Domeyer 2010: 52).

Problematisch an allen diesen Informationsbegriffen ist, dass sie von pragmatischen Aspekten weitgehend losgelöst sind. Sie sind nicht in der Lage, die Vielschichtigkeit menschlicher Kommunikationsakte und -prozesse abzubilden (Ott

---

4 Im Folgenden wird daher von Informationsinhalt bzw. *Informationen* (plural) gesprochen, wenn gerade der pragmatische Aspekt des Gehalts bzw. der Bedeutung einer Information für Menschen erfasst werden soll.

2004: 76-79). Die ontologische Grundgröße *Information* kann daher auch im Rahmen dieser Arbeit nicht isoliert von den jeweils vermittelten Informationsinhalten, also von der Bedeutung der jeweiligen Information betrachtet werden. Diese Inhalte können auf die individuelle Lebensführung und das menschliche Zusammenleben einen erheblichen Einfluss haben, insbesondere wenn sie in einer Verbindung zur persönlichen Lebensgestaltung des einzelnen Menschen stehen (vgl. dazu näher unter 2.4).

Im Unterschied zu *Informationen* weisen *Daten* an sich keinen direkten Bezug zu den Akteuren zwischenmenschlicher Kommunikationsprozesse auf. Es sind vielmehr Abfolgen zunächst interpretationsfreier Zeichen bzw. Symbole, die formalisiert sind und grundsätzlich beliebig oft reproduziert werden können (Vesting 2008: 9). Gerade um formalisiert und reproduziert werden zu können, setzen Daten einen entsprechenden Kode sowie einen Datenträger voraus (ebd.: 10). Erst indem *Daten* von Menschen (eventuell mithilfe von Maschinen) dekodiert und interpretiert werden, erschließt sich ihr informationeller Gehalt, wird also klar, ob und wenn ja, welchen Unterschied sie machen, welche *Informationen* sie also enthalten.

## 2.3 Privatsphäre und privacy

Ähnlich wie die Definition von *Information* fällt auch die Definition des Begriffs *Privatsphäre* schwer. Die Trennung einer öffentlichen von einer privaten Sphäre der individuellen Lebensgestaltung geht bereits auf Aristoteles zurück, der in der *polis* die politische Aktivität des Menschen verortete, im *oikos* dagegen das familiäre und häusliche Leben (DeCew 2008: § 1). In der englischsprachigen Diskussion ist in diesem Zusammenhang der Begriff *privacy* gebräuchlich.[5]

Mit *privacy* bzw. *Privatsphäre* verbinden sich unterschiedliche Aspekte: als Bereich der persönlichen Lebensgestaltung erstreckt sich *Privatsphäre* auf die damit verknüpften Informationen (vgl. dazu näher unter 2.4). Daneben werden aber auch persönliche Entscheidungen, Handlungen, Gedanken, Meinungen, Wertvorstellungen des Einzelnen, sein Körper oder auch der räumliche Bereich seiner persönlichen Lebensführung wie Wohnung oder Arbeitsplatz dem Anwendungsbereich des Begriffs *privacy* bzw. *Privatsphäre* zugerechnet (Nissenbaum 2004: 123; zur Kritik an diesem weiten Verständnis vgl. Gavison 1980: 421-440). Eine vollumfängliche Beschäftigung mit all diesen Facetten von *privacy* bzw. *Privatsphäre* ist nicht das Ziel der vorliegenden Arbeit. Ein solches Vorhaben wird von manchen Autoren

---

5 Wobei von *privacy* in der englischsprachigen Literatur auch im Zusammenhang mit allgemeinen Datenschutzfragen (z. B. Videoüberwachung von öffentlichen Plätzen) gesprochen wird, während die deutschsprachige Literatur hier differenziert und von *Privatsphäre* im Zusammenhang mit Datenschutz nur spricht, wenn es um personenbezogene Informationen gerade aus dem Privat- oder Intimbereich geht (siehe dazu sogleich näher unter 2.3).

sogar für ein aussichtsloses Unterfangen gehalten (vgl. van den Hoven/Vermaas 2007: 284 m. w. N.; vgl. Moore 2003: 215).

Es geht in der vorliegenden Arbeit vielmehr nur um die spezielle informationelle Dimension von *Privatsphäre*, d. h. den Datenschutzaspekt.[6] Dabei beschränkt sich die Betrachtung aus Gründen der Bearbeitungsfähigkeit auf die Fragen des Umgangs mit Informationen über einzelne, identifizierbare natürliche Personen.[7] Außen vor bleiben somit die Aspekte des Datenschutzes von Gruppen oder Institutionen (vgl. dazu Westin 1968: 42-51). Auf die sonstigen Aspekte von *Privatsphäre* wird nur eingegangen, wo es für die Verständlichkeit der Darstellung unerlässlich ist.

## 2.4 Personenbezogenheit von Informationen

Die Verbindung zwischen Privatsphäre und Informationen wird besonders dann sichtbar, wenn sich Informationen auf bestimmte Aspekte einer Person oder ihrer Lebensführung beziehen. Dies ist grundsätzlich immer dann der Fall, wenn Informationen einem (potenziellen) Rezipienten etwas über eine identifizierbare Person mitteilen (Nissenbaum 2010: 4).

Hierbei lassen sich zum einen Informationsgehalte, die sich auf bestimmte *externe* Merkmale einer Person, wie Alter, Haarfarbe, Körpergröße oder Gewicht beziehen, die also mittels (eventuell technisch verstärkter) menschlicher Sinne ohne Zutun der betroffenen Person von außen wahrnehmbar sind, von solchen, welche ihre *interne* Meinungen, Ansichten, Gedanken, Emotionen, Ziele, Pläne, Werte und Einstellungen betreffen, unterscheiden. Um an diese Informationen zu kommen, bedarf es grundsätzlich der (bewussten oder unbewussten) kommunikativen Mitwirkung des Informationsträgers. Allerdings handelt es sich hierbei um keine feststehende Abgrenzung, da neue Technologien wie bildgebende Verfahren auch mentale Zustände wahrnehmbar werden lassen und damit nach Ansicht vieler Forscher durch die Möglichkeit des sog. 'Brain-Reading' einen Zugang auch zu dieser Art von personenbezogenen Informationen eröffnen (vgl. Schneider 2010: 23-52).

---

6 Wie Thomas Vesting zutreffend feststellt, ist der Begriff *Datenschutz* insoweit irreführend, da er suggeriert, es würde dabei nur um die interpretationsfreien, kodierten Zeichenfolgen gehen, aus denen sich Daten zusammensetzen (s. o. 2.1) und nicht um von Menschen rezipierte und interpretierte Informationen über andere Menschen. Er schlägt daher vor, stets vom *Schutz personenbezogener Informationen* zu sprechen (Vesting 2008: 11). Im Rahmen der vorliegenden Arbeit werden beide Formulierungen synonym verwendet (siehe hierzu auch noch näher unter 2.4).

7 Vor allem in der US-amerikanischen Debatte war lange Zeit umstritten, ob *privacy* in Bezug auf Informationen die Kontrolle des Einzelnen über die Preisgabe von Informationen nach außen oder den Zugang von Anderen zu Informationen von außen betrifft. Weitgehend durchgesetzt hat sich die Ansicht, dass beide Aspekte erfasst werden bzw. zwei Seiten der gleichen Medaille bilden, was auch der vorherrschenden europäischen Auffassung und dem Verständnis im Rahmen der vorliegenden Arbeit entspricht (vgl. dazu Nissenbaum 2010: 69-71, 147-148).

Zum anderen ist es u. a. auch in der deutschen Gesetzgebung und Rechtsprechung üblich, den Grad der Personenbezogenheit eines Informationsgehalts danach zu differenzieren, aus welchem Bereich der Lebensgestaltung die Informationen entstammen bzw. mit welchem Bereich diese inhaltlich verknüpft sind (Fechner 2009: 71-73; Moore 2000: 698; Westin 1968: 33).

Dabei unterscheidet man zwischen Sozial, Privat- und Intimbereich, die sich wie Schalen um den Kern der Persönlichkeit und die persönliche Lebensgestaltung legen. Der innerste dieser "konzentrischen Kreise" (Westin 1968: 33) wird mit dem Begriff *Intimbereich* bezeichnet. In diesem sind Informationen etwa über die sexuelle Orientierung, die Gedanken oder die Gefühlswelt einer Person angesiedelt. Diese stehen in dieser Kategorisierung in engster Verbindung zum Kern der Persönlichkeit und ihrer Entfaltung. Eine immer noch direkter, aber nicht mehr ganz so enge Verbindung zur persönlichen Lebensgestaltung haben Informationen aus dem *Privatbereich*. Dies sind solche über das Familienleben, das Verhalten in den eigenen vier Wänden (ohne sexuellen Bezug) oder auch das persönliche Einkommen. Noch weiter gelockert ist diese Verknüpfung schließlich bei Informationen aus dem *Sozialbereich*, worunter etwa Angaben über den eigenen Aufenthaltsort, den Freundeskreis oder das Verhalten einer Person in der Öffentlichkeit fallen (Fechner 2009: 71-73).

Dieser Versuch Informationen über Personen objektiv nach Bereichen der persönlichen Lebensgestaltung zu kategorisieren und qualifizieren steht jedoch ebenfalls vor erheblichen Herausforderungen. Schließlich wird hierbei unterstellt, dass es allgemeingebräuchliche und feststehende Definitionen dessen gibt, was bei der persönlichen Lebensführung als *intim* oder *privat* angesehen wird. Dabei wird jedoch übersehen, dass die Bestimmung dieser Begriffe vor allem von der praktischen Lebensführung und subjektiven Bewertung jeder einzelnen Person abhängig ist (vgl. Floridi 2006: 117). Wer etwa sein Familienleben vor allem in der Öffentlichkeit führt bzw. dieser präsentiert, wie es teilweise von Prominenten im Rahmen sog. 'Homestorys' für die entsprechenden Boulevardmedien getan wird, erzeugt und verbreitet Informationen, die sich nicht eindeutig dem *Privat-* oder *Sozialbereich* zuordnen lassen.

Die Unterscheidung verschiedener Klassen oder Grade von Personenbezogenheit bestimmter Informationen ist somit ein schwieriges Unterfangen, welches jedoch vor allem im Bereich des Datenschutzrechts besondere Bedeutung hat (vgl. dazu näher unter 6.3.1). Noch umstrittener als die Qualifizierung personenbezogener Informationen ist jedoch, wie mit diesen Informationen in modernen Gesellschaften umgegangen werden soll. Hier kommen verschiedene normativ-theoretische Ansätze zu unterschiedlichen Ergebnissen, die nun in ihrer argumentativen Entwicklung dargestellt werden sollen.

## 3. Liberale und libertäre Argumentationsfiguren zur Begründung eines Rechts auf informationelle Selbstbestimmung

Wenn man sich mit der Frage, wie mit personenbezogenen Informationen umgegangen werden soll, befasst, ist es sinnvoll zunächst *liberale* und *libertäre* Argumentationsfiguren zu betrachten, da von Autoren dieser Denkrichtungen die ersten dezidierten Auseinandersetzungen mit Fragen des Schutzes personenbezogener Informationen geleistet wurden. Neben grundsätzlichen Kritikpunkten (3.1) lassen sich verschiedene liberale und libertäre Argumente dafür finden, dass jeder Mensch ein eigenständiges Recht auf Schutz seiner personenbezogenen Informationen hat (3.2-3.6 und 3.8). Diese führen im Ergebnis zu umfassenden normativ-theoretischen Anorderungen an eine entsprechende rechtliche Gewährleistung (3.7 und 3.9).

Zuvor ist bei einer solchen Darstellung jedoch zu bedenken, dass Einteilungen von Autoren in bestimmte Denkschulen wie *Liberalismus* oder *Kommunitarismus* sich stets dem Problem ausgesetzt sehen, die vielfältigen Differenzierungen der einzelnen Ansätze nicht abbilden zu können. Meist einen die verschiedenen Vertreter nur sehr grundlegende Gemeinsamkeiten, wie eine ähnliche Sicht auf das Wesen des Menschen oder menschlicher Gemeinschaften oder ein bestimmtes methodisches oder systematisches Vorgehen, während sich die daraus abgeleiteten Anforderungen an die Ausgestaltung des menschlichen Zusammenlebens deutlich unterscheiden. So lässt sich eine erste Abgrenzung zwischen *liberalen* und *kommunitaristischen* Gedankengebäuden – im Bewusstsein, dass hierdurch nur eine grobe Einordnung der entsprechenden Ansätze erreicht werden kann – anhand des zugrundeliegenden Menschenbildes vornehmen: Für liberale Theoretiker hat das Individuum einen intrinsischen Wert, während der Gemeinschaft oder Gesellschaft "nur der instrumentelle Wert des Rahmens, in welchem sich das Leben des Individuums abspielt" (Manning 1997: 819), zukommt. Für Liberale wird das Individuum daher, wie Michael J. Sandel (1984: 5) beschreibt, nicht durch seine Ziele definiert, sondern hat vielmehr selbst die Definitionshoheit über diese: Nach liberaler Ansicht ist das Individuum folglich in der Lage seine Motive zu überprüfen und auch zu verändern, sofern es dies möchte. Es befindet sich somit im Besitz der Freiheit, für sich selbst zu bewerten und danach zu entscheiden, was es als gut oder schlecht erachtet. Der Staat soll für Liberale daher idealiter nur ein "neutraler Rahmen" (ebd.) aus Rechten sein, innerhalb dessen sich das Individuum verwirklichen und seine Definitionshoheit über das Gute ausüben kann (ebd.). Diese subjektiven

Rechte stehen jedem einzelnen Mitglied einer liberalen Gesellschaft in gleicher Weise nach dieser Auffassung schon deshalb zu, weil es eine unabhängige Person mit eigener Persönlichkeit, ein Individuum mit intrinsischem Wert ist (vgl. Fried 1968: 478).

Das Menschenbild der Kommunitaristen hingegen betont die soziale Einbindung jedes einzelnen Menschen. Die von jedem auszufüllenden sozialen Rollen sind danach zumindest teilweise konstitutiv für die persönliche Identität. Die Lebensgeschichte eines jeden Menschen ist eingebettet in die Geschichte der sozialen Gemeinschaften (Familie, Stadt, Nation, Stamm etc.), in denen sie oder er lebt. In dieser engen Verflechtung kann sich für Kommunitaristen erst die eigene Persönlichkeit des Einzelnen voll entwickeln (Sandel 1984: 5f.; vgl. dazu näher unter 4.).

Zugleich führen aber auch die Vertreter, welche ein liberales Menschenbild zum Ausgangspunkt ihrer Überlegungen machen, eine grundlegende Debatte darüber, welche Schlussfolgerungen auf dieser Grundlage für eine adäquate Staats- und Gesellschaftsordnung zu ziehen sind. So streiten etwa die Verfechter sozialstaatlicher Absicherung mit den sog. *Libertären* um die Argumentations- und Deutungshoheit (Manning 1997: 818). Letztere setzen im Schwerpunkt auf die selbstregulierende Kraft der Marktfunktion zur Lösung sozialer Verteilungsprobleme und lehnen staatliche Eingriffe, die über die reine Sicherung der Rahmenbedingungen für einen funktionierenden Markt hinausgehen, grundsätzlich ab (vgl. dazu näher unter 3.8). Kerngehalt beider Denkrichtungen ist jedoch die Auffassung, dass das selbstbestimmte Individuum Zentrum, Ausgangs- und Bezugspunkt jeder gesellschaftlichen bzw. staatlichen Ordnung sein muss. Man kann daher libertäre Ansätze als Steigerungsformen des Liberalismus begreifen (Meyer 1996: 3).

Aktuelle Vertreter dieser beiden Denkrichtungen beziehen sich in ihren Ausführungen zur Frage des Umgangs mit personenbezogenen Informationen oftmals noch auf die ersten systematischen Auseinandersetzungen mit der Frage einer moralischen und juristischen Begründung eines Rechts auf Privatsphäre bzw. *privacy*, die Ende des 19. Jahrhunderts entwickelt wurde: Samuel D. Warren und Louis D. Brandeis, von denen der für die Diskussion im US-amerikanischen Raum grundlegende Artikel "The Right to Privacy" aus dem Jahr 1890 stammt, sehen in Eingriffen in die Privatsphäre und den subjektiven Datenschutz Verletzungen hergebrachter Rechtsgrundsätze (Warren/Brandeis 1890: 205).

Hintergrund ihrer Ausführungen war einerseits der technologische Wandel in Fotografie und Druckereiwesen – angesprochen sind hiermit insbesondere die neuen Möglichkeiten der Sensationspresse, die Warren selbst wegen seiner Hochzeit mit der Tochter eines Senators nachstellte (Bloustein 1984: 159) – und anderseits eine Verfassung, welche auf die sich hieraus ergebenden Eingriffsmöglichkeiten in die Privatsphäre nicht eingestellt war.[8] Warren und Brandeis standen somit vor der

---

8 Die Verfassung der USA kennt den Begriff *privacy* nicht, jedoch werden verschiedene Aspekte

Herausforderung, auf der Grundlage des bestehenden, lückenhaften Rechts Lösungsmöglichkeiten für die neuen faktischen Problemstellungen bieten zu wollen. Hierzu analysierten sie, wie im *common law* der USA üblich, eine Vielzahl von realen Fällen und abstrahierten aus den entsprechenden Entscheidungen zwei Rechtsgrundsätze, welche dem Individuum zivilrechtliche Abwehrmöglichkeiten gegen Eingriffe boten: zum einen das subjektive "Recht darauf allein gelassen zu werden" (Warren/Brandeis 1890: 195, 205) und zum anderen das Recht auf Achtung der "unantastbaren Persönlichkeit" (ebd.: 215; vgl. dazu DeCew 2008: § 1.1).

Das Prinzip der Privatsphäre sahen sie bereits als im *common law* Grundsatz des Schutzes "[of] a man's house as his castle" (Warren/Brandeis 1890: 220) angelegt, welcher nun nach ihrer Ansicht aufgrund der neuen Möglichkeiten auf Informationen zuzugreifen und sie zu publizieren, auf personenbezogene Informationen ausgedehnt werden musste, um dem Individuum die entsprechenden Kontrollmöglichkeiten zu erhalten (DeCew 2008: § 1.1).

Warren und Brandeis waren dabei allerdings die unterschiedlichen Dimensionen, welche mit dem Recht auf *privacy* angesprochen werden können, wie personenbezogene Informationen, Aktivitäten, Entscheidungen, Gedanken, die Integrität des eigenen Körpers oder auch der räumliche Bereich wie Wohnung oder Arbeitsplatz, nicht bewusst (ebd.; s. o. 2.2). Dass man mit denselben juristischen Argumenten, welche zur Begründung eines Rechts auf Privatsphäre im Sinne eines Selbstbestimmungsrechts über personenbezogene Informationen von Warren und Brandeis formuliert wurden, auch subjektiv rechtliche Ansprüche auf Schutz anderer Dimensionen bzw. Aspekte individueller Lebensgestaltung herleiten kann, wurde erst später herausgearbeitet.

Mittlerweile wurde diese weitergehende Begründung auch vom obersten US-amerikanischen Gericht, dem *Supreme Court*, erkannt und aufgegriffen. Dieser unterscheidet in seiner Konzeption des Rechts auf *privacy* zwischen dem Aspekt der Kontrolle über personenbezogene Informationen und dem Aspekt der Möglichkeit, wichtige private Entscheidungen zu treffen (erstmals in: Eisenstadt v. Baird, 405 U.S. 438, 1972, vgl. Whalen v. Roe, 429 U.S. 589, 1977; vgl. DeCwe 2008: § 3.6; vgl. Sandel 1995: 78).[9] Die erstgenannte, informationelle Dimension des *privacy-*

---

von den in den *amendments* festgeschriebenen, grundrechtlichen Gewährleistungen abgedeckt, so etwa von der Freiheit von Meinung, Religion und Vereinigung (I.), dem Verbot der Einquartierung von Soldaten in Privatgebäuden ohne Zustimmung des Besitzers in Friedenszeiten (III.), dem Verbot willkürlicher Hausdurchsuchungen, Beschlagnahmen und Festnahmen (IV.), welches auch auf elektronische Überwachungsmaßnahmen wie Telefonabhöraktionen angewendet wird, den Rechten des Angeklagten in Bezug auf den Strafprozess (V.), dem Grundsatz der Nichtbeschränkung sonstiger Rechte durch die in der Verfassung aufgezählten (IX.) und dem Verbot bundesstaatlicher Verletzungen von Bürgerrechten (XIV.) (Nissenbaum 2004: 126; DeCew 2008: § 4).

9 Diese Entwicklung der Rechtsprechung des Supreme Court, neben dem Aspekt des Vorenthaltens persönlicher Informationen aus der Öffentlichkeit u. a. auch individuelle Entscheidungen und in-

Rechts gibt dabei dem Einzelnen im US-amerikanischen Recht die Befugnis, über die ihn betreffenden Informationen grundsätzlich selbst zu bestimmen.

## 3.1 Kritik an der Notwendigkeit ein eigenes Recht auf informationelle Selbstbestimmung zu begründen

Die grundsätzliche Notwendigkeit eines solchen eigenständigen subjektiven Rechts auf informationelle Selbstbestimmung auf der Grundlage liberaler Prämissen ist allerdings nicht unumstritten. So ist Judith J. Thomson der Meinung, alle Fälle, in denen ein Recht auf informationelle Selbstbestimmung verletzt sein soll, auch als Verletzungen von individuellen Eigentumsrechten und Rechten des Einzelnen an der eigenen Person behandeln und auf diese Weise lösen zu können: Personenbezogene Informationen sollen wie materielles Eigentum behandelt werden (Thomson 1975: 302f.). Da personenbezogene Informationen Ausdruck der eigenen Person sind, sind sie nach Thomsons Ansicht dem Betroffenen ähnlich wie materielles Eigentum zugeordnet (ebd.: 306, vgl. dazu auch 3.8). Mit ihnen sind somit positive Rechte (das Recht auf Nutzung) und negative Rechte (das Recht auf Ausschluss anderer von der Nutzung) verbunden (vgl. ebd.: 299). Zugriffs- und Nutzungserlaubnis auf die Informationen können durch ausdrückliche oder konkludent erteilte Zustimmung gewährt werden (ebd.: 302, 304, 306). Zum anderen sieht Thomson das Recht das Einzelnen an der eigenen Person als betroffen an: Durch dieses Recht, das sich etwa auf die Unversehrtheit des eigenen Körper erstreckt, werden laut Thomson alle Handlungen, welche dem einzelnen Menschen physisches oder emotionales Leid zufügen bzw. bei diesem Leid verursachen, untersagt (ebd.: 312).

Dass in der bloßen Kenntnisnahme von Fakten eine Verletzung eines eigenen, selbstständigen Rechts auf informationelle Privatsphäre liegen soll, hält sie für einen Fehlschluss. Vielmehr bestehe die moralisch verwerfliche Handlung entweder im Zugriff auf die Information gegen den Willen des oder der Betroffenen oder in der Nutzung der Information zu nicht gestatteten Zwecken und dem hierdurch ver-

---

dividuelles Verhalten als Ausdruck individueller Autonomie als durch das Recht auf *privacy* geschützt anzusehen, wird teilweise als Verwässerung dieses Rechts scharf kritisiert (so Sandel 1995: 74; siehe zur Rechtsprechung des Supreme Court auch näher unter 3.2). In Deutschland stellte sich dieses Problem so nicht, da hier diese Dimensionen als allgemeine Handlungs- und Entscheidungsfreiheit in der (deutlich jüngeren) Verfassung ausdrücklich als Grundrechte verankert sind (Art. 2 I GG) und daher nicht durch die Rechtsprechung aus anderen Grundrechten abgeleitet werden mussten. In der europäischen Grundrechtecharta findet sich ein solch allgemeines Grundrecht der Handlungs- und Entscheidungsfreiheit jedoch nicht (Kingreen 2011: Art. 7 GRC, RN 3-6). Beide Rechtstexte schützen aber ausdrücklich weitere spezielle Aspekte, die aus US-amerikanischer Sicht in den Schutzbereich des Rechts auf *privacy* fallen, wie die Integrität der eigenen Wohnung (Art. 13 GG; Art. 7 GRC) oder das Post- und Telekommunikationsgeheimnis (Art. 10 GG; Art. 7 GRC).

ursachten (emotionalen) Leid der betroffenen Person (ebd.: 307, 310). Thomson geht also davon aus, dass die Begründung eines eigenständigen Rechts auf informationelle Selbstbestimmung nicht notwendig ist (ebd.: 310, 313).

Diese provokante Ansicht ist nicht unbeachtet geblieben. So führt Thomas Scanlon in Auseinandersetzung mit Thomson an, dass diese mit ihrer Konzeption die Interessen des Individuums falsch bewerte: Diesem gehe es nicht um seine Eigentümerposition in Bezug auf seine Informationen, sondern darum, dass diese Informationen aus einem Bereich seiner Lebensgestaltung und -führung stammen, den es nicht mit allen anderen Mitgliedern der Gesellschaft teilen will, der also in diesem subjektiven Sinn *privat* bleiben soll (Scanlon 1975: 318). Das Interesse des Einzelnen ziele also auf den Schutz von *privaten* personenbezogenen Informationen, weil sie aus seiner Sicht nicht für andere bestimmt sind (ebd.).

Des Weiteren identifiziert Thomson selbst Handlungen, welche zwar den informationellen Aspekt persönlicher Lebensgestaltung berühren, aber nach ihrer Ansicht unproblematisch sein sollen, da sie weder Eigentumsrechte noch Rechte an der eigenen Person verletzten: So soll das reine Verbreiten von "sehr persönlichem Tratsch" (Thomson 1975: 311) keinen Eingriff in diese Rechte darstellen (ebd.: 311f.). Es ist jedoch nicht einsichtig und bleibt auch unbegründet, warum das Verbreiten von Tratsch laut Thomson kein emotionales Leid beim Betroffenen verursachen und deshalb keinen Verstoß gegen die von Thomson anerkannten Rechte des Einzelnen darstellen kann.

Man kann darüber hinaus auch der Ansicht sein, dass sich aus der Prämisse, dass das Individuum in einer liberalen Gesellschaft seine Persönlichkeit auch in sozialen Beziehungen zu anderen entwickeln und diese darin einbringen können soll, ableiten lässt, dass ihm die Kontrolle über die Verbreitung beziehungsrelevanter Informationen zukommen muss und somit auch durch die bloße Verbreitung ein nicht von den genannten Rechtspositionen abgedecktes, aber gut begründbares subjektives Recht verletzt sein kann (Rachels 1975: 326-331; vgl. dazu näher unter 3.4).

Zuletzt übersieht Thomson, dass sie selbst gerade unterschiedliche liberale bzw. libertäre Argumente zur Begründung eines Rechts auf informationelle Selbstbestimmung entwickelt bzw. nachvollzieht, indem sie in den entsprechenden Handlungen Verletzungen von Rechten an der eigenen Person oder am Privateigentum erkennt (vgl. dazu näher unter 3.3, 3.4, 3.7 und 3.8, 3.9). Es ist gerade der Zweck normativ-theoretischer Begründungen eigenständiger Gewährleistungsgehalte bzw. Rechte auf der Grundlage von prinzipiellen Prämissen, dass ein klar ausdifferenziertes Cluster von Rechten und damit korrespondierenden Pflichten der Mitglieder einer Gesellschaft für eine nach diesen Prämissen ausgestaltete Gesellschaftsordnung entsteht. Je eindeutiger und klarer ein solches Regelwerk – welches dann u. a. in rechtlichen Normen und Verfahren abgebildet werden kann – ist, desto leichter lassen sich die entsprechenden sozialen Konfliktfälle lösen. Die eigenständige Begründung eines Rechts auf informationelle Selbstbestimmung für liberale und libertäre Gesellschaftsordnungen u. a. aus auch von Thomson erkannten Prämissen (Privateigentum, Rechte in Bezug auf die eigene Person) ist also kein sophistischer Selbstzweck sondern dient der Klärung der Konfiguration eines problemadäquaten und funktionalen gesellschaftlichen Regelwerks. Die Lösung sozialer Konfliktfälle wäre erheblich schwieriger, würde man versuchen sie immer durch Anwendung der grundlegendsten Prämissen und Prinzipien zu finden, da dies erhebliches Abstraktionsvermögen erfordert (vgl. Scanlon 1975: 322).

Es ist daher durchaus sinnvoll die theoretischen Argumentationsfiguren zur Begründung eines eigenständigen subjektiven Rechts auf informationelle Selbstbestimmung zu beleuchten. Im Folgenden werden deshalb nun die wichtigsten liberalen Argumente zur Begründung dieses Rechts vorgestellt.

## 3.2 Das Begrenzungsargument

Mit ihrem "right to be let alone" (Warren/Brandeis 1890: 193) knüpfen Warren und Brandeis an das generelle Prinzip liberaler Staats- bzw. Gesellschaftskonzeptionen an, das Individuum vor unangemessenen Eingriffen aus der gesellschaftlichen Sphäre in seine Lebensführung durch die Verleihung von subjektiven Abwehrrechten zu schützen. Dem liegt die Unterscheidung einer privaten von einer öffentlichen Sphäre der individuellen Lebensgestaltung zu Grunde (s. o. 2.2, 2.3): Während in der privaten Sphäre nach liberaler Ansicht vorrangig und möglichst weitgehend das Prinzip der Selbstregulierung des Individuums gelten soll, steht die öffentliche Sphäre für staatliche Regulierung eher offen, d. h. in dieser greift stärker die staatliche Autorität (DeCew 2008: § 1). Liberale Konzeptionen zu Staats- und Gesellschaftsordnung differenzieren somit verschiedene Dimensionen des menschlichen Lebens und verbinden damit Anforderungen an die Möglichkeiten der Verwirklichung selbstbestimmter Entscheidungen des Individuums. Ziel der Verleihung subjektiver Abwehrrechte ist nach liberaler Auffassung also zunächst die Eindämmung staatlicher Machtbefugnisse, insbesondere im Bereich persönlicher Lebensgestaltung des Einzelnen. Dies dient wiederum dem Schutz "individueller Autonomie und Freiheit" (Nissenbaum 2004: 127).

Indem zusätzlich auf institutioneller Ebene die Durchsetzung solcher Abwehrrechte in einer liberalen Staatsordnung einer unabhängigen staatlichen Gewalt, nämlich der Judikative, übertragen wird, entsteht ein System gegenseitiger Kontrolle und gegenseitigen Ausgleichs im Verhältnis zu den zwei anderen staatlichen Gewalten, der Legislative und der Exekutive, was auch als System von 'checks and balances' beschrieben wird (vgl. zu dieser Bezeichnung Schüttemeyer 2010: 107f.). Der Begrenzung hoheitlicher Gewalt auf prozessualer Ebene dienen subjektive

Rechtsweggarantien für das Individuum, das sich hiermit gegen staatliche Eingriffe in seine Rechte effektiv zur Wehr setzen können soll (vgl. dazu Schmidt-Aßmann 1987: 1024-1026). Die Hoheitsgewalt ist folglich in einer liberalen Staatsordnung nicht ungebunden und an einer Stelle gebündelt, sondern durch Rechte der Bürger begrenzt und auf verschiedene, sich gegenseitige überwachende Träger verteilt.

Das Begrenzungsargument lässt sich jedoch nicht nur zur Eindämmung staatlicher Machtbefugnisse sondern auch gegen nicht-staatliche Akteure führen, wenn diese durch faktische Zugriffs- und Verwendungsfähigkeiten in Bezug auf personenbezogene Informationen ebenso weitgehende oder noch weiterreichende Möglichkeiten des Eingriffs in die persönliche Lebensgestaltung haben und damit Autonomie und Freiheit des Einzelnen bedrohen können.[10] Dann besteht auch hier nach liberaler Ansicht ein Bedürfnis nach Begrenzung durch die Verleihung von subjektiven Rechtspositionen, die sicherstellen, dass auch in diesem Zusammenhang die Autonomie des Einzelnen gewahrt bleibt.

Der grundlegende liberale Gedanke der Begrenzung von Eingriffsmöglichkeiten aus der öffentlichen Sphäre in die persönliche Lebensgestaltung durch die Verleihung individueller Rechte wurde gerade deshalb schon von Warren und Brandeis dadurch auf den Bereich personenbezogener Informationen ausgedehnt, dass dem Individuum ein Recht darauf zugesprochen wurde, alleine, also ohne Inanspruchnahme oder Zugriffsmöglichkeit anderer, Herr über die eigenen personenbezogenen Informationen zu sein.[11] Ein subjektives Recht auf Kontrolle über Zugriff auf und

---

10 Ebenso wie hoheitlichen Stellen ist es auch Privaten möglich, umfassende informationelle Persönlichkeitsprofile zu erstellen, indem die dazu benötigten personenbezogenen Informationen selbst erhoben und zusammengeführt oder indem die notwendigen Daten von Drittanbietern zugekauft werden. In solchen Profilen werden beispielsweise Informationen über das Konsumverhalten und die individuellen Bedürfnisse, Wünsche, Wertvorstellungen, politischen oder gesellschaftlichen Einstellungen, das Bewegungsprofil und persönliche Beziehungen zusammengeführt, welche die Nutzer durch die Verwendung entsprechender Dienste und Angebote preisgeben. Ziel ist zumeist die Platzierung bzw. Adressierung zielgruppenspezifischer bzw. personalisierter Werbung, die eine besonders absatzfördernde Wirkung verspricht (Siegert/Brecheis 2010: 189-213). Auch werden Informationen zur Indiz- und Beweissicherung von Unternehmen erhoben, die sich einer erhöhten Gefahr der Schädigung durch Kunden, Mitarbeiter oder Dritte ausgesetzt sehen. Beispiele sind Videoüberwachung von Kunden oder Mitarbeitern oder die Überwachung von Onlinetauschbörsen zum Schutz vor sog. Urheberrechts-Piraterie. Informationen über die Vermögensverhältnisse von Privatpersonen werden oft von Finanzdienstleistern und im Speziellen von Auskunfteien und sog. Scoring-Unternehmen verwertet. Dabei handelt es sich um kommerzielle Anbieter von Kreditwürdigkeits- bzw. Bonitätsprüfungen, die auf der Basis von Daten über das persönliche wirtschaftliche Verhalten einen sog. 'Score'-Wert für einzelne Wirtschaftsteilnehmer errechnen und diesen gegen Entgelt beispielsweise kreditgebenden Banken oder potenziellen Vertragspartnern als Entscheidungsgrundlage zur Verfügung stellen. In der Praxis haben diese Auskünfte – einer der namhaftesten Anbieter ist etwa das Unternehmen *Schufa* – für das Wirtschaftsleben eine ganz erhebliche Bedeutung gewonnen, weshalb diese Unternehmen seit kurzem in Deutschland auch datenschutzrechtlich schärfer reguliert werden (vgl. Moos 2010: 167).
11 Adressat ihres "Rechts darauf allein gelassen zu werden" (Warren/Brandeis 1890: 193) sollten

Verbreitung von personenbezogenen Informationen und deren Verwendung dient somit, wie alle subjektiven Abwehrrechte, der Beschränkung von Einflussmöglichkeiten aus der öffentlichen Sphäre auf die persönliche Lebensgestaltung, ob nun durch staatliche oder nicht-staatliche Stellen. Die Bedeutung dieses Rechts hierfür steigt damit in dem Maß, in dem Zugriffs- und Verarbeitungsmöglichkeiten von personenbezogenen Informationen für den Staat oder sonstige Stellen bestehen, welche die Autonomie und Freiheit des Individuums in seiner persönlichen Lebensgestaltung bedrohen.

Adam D. Moore weist zudem darauf hin, dass sich das Recht des Bürgers auf informationelle Selbstbestimmung als Dimension des allgemeinen Rechts auf *privacy* zugleich gegen totalitäre Regime und damit verbundene staatliche Unterdrückung richtet: Wo persönliche Freiräume mit eigenverantwortlicher Kontrolle über die darin verwurzelten Informationen verbleiben, kann der Staat keine totale Herrschaft über die gesamte Lebensführung der Bürger gewinnen (Moore 2000: 699; so auch schon Westin 1968: 23f.). Damit ist bereits eine Verbindung des liberalen Abwehrarguments zum Teilhabeargument vorgezeichnet (vgl. dazu näher unter 3.5).

### 3.3 Das Persönlichkeitsargument

Als Pendant zum gerade nachgezeichneten Begrenzungsargument ist das liberale Persönlichkeitsargument zu sehen. Zum Ausdruck kommt hierin aber noch stärker die liberale Prämisse, Autonomie und Integrität des Individuums bei seiner Persön-

---

für Warren und Brandeis allerdings zunächst nur andere Private, also nicht-staatliche Akteure, insbesondere Zeitungsverlage, sein, von deren Sensationspresse für sie die größte Gefahr für die Privatsphäre insbesondere gesellschaftlich hoch stehender Personen ausging (Sandel 1995: 75). Erst 1961 wurde das abgeleitete Recht auf Privatsphäre das erste Mal in einer Supreme Court Entscheidung von zwei Richtern erwähnt und so von der Ebene des Zivilrechts auf die Ebene des Verfassungsrechts gehoben (Peo v. Ullman, 367 U.S. 497, 1961). Dabei stand der Aspekt der informationellen Selbstbestimmung im Vordergrund. Es ging um die Abwehr staatlicher Maßnahmen zur Überwachung eines Verbots von Kontrazeptiva. Da die Klage in diesem Fall jedoch aus formalen Gründen von der Mehrheit der Richter abgewiesen wurde, dauerte es noch vier Jahre bis das Recht auf *privacy* im Sinne eines Rechts auf Kontrolle über personenbezogene Informationen gegenüber dem Staat in einer Entscheidung des Supreme Court etabliert wurde: In *Grisworld v. Connecticut* wurden staatliche Eingriffe in den privaten Lebensbereich, die ebenfalls zur Überwachung des Verbots von Verhütungsmitteln dienen sollten, für unzulässig erklärt, da diese nach Ansicht des Gerichts einen Eingriff in das Recht auf *privacy* darstellten (Grisworld v. Connecticut, 381 U.S. 479, 1965; Sandel 1995: 77). Damit wurde die von Warren und Brandeis entwickelte Begründung für ein zivilrechtliches Abwehrrecht gegen Eingriffe aus der öffentlichen Sphäre in die private Lebensgestaltung durch andere Private auch auf Eingriffe des Staats angewendet. Der Supreme Court hielt diese Argumentation auch in diesem Zusammenhang für schlüssig und reihte so das Recht auf *privacy* und damit ein subjektives Recht auf Kontrolle über personenbezogene Informationen in den Kanon liberaler verfassungsrechtlicher Abwehrgrundrechte ein.

lichkeitsentwicklung und Lebensgestaltung einen intrinsischen Wert beizumessen (vgl. Bernal 2011: 21-23, 27-33).

An das Konzept der "inviolate personality" (Warren/Brandeis 1890: 205) von Warren/Brandeis anschließend, beschreibt etwa Edward J. Bloustein die Dimensionen der unantastbaren Persönlichkeit mit den Begriffen "Unabhängigkeit, Würde und Integrität" (Bloustein 1984: 163). Nach ihm sind Eingriffe in die (informationelle) Privatsphäre unzulässig, da sie zugleich eine Verletzung der persönlichen Freiheit nur nach den Vorgaben des eigenen Willens zu handeln, als auch eine Beschneidung der Individualität darstellen (ebd.: 187). Er argumentiert, dass, wer nicht mehr über einen privaten Rückzugsraum zur Bildung eigener Meinungen verfügt, keine von der allgemeinen Meinung abweichende Ansichten entwickeln können wird. Diese persönlichen Ansichten machen für ihn aber die Individualität eines Menschen aus (ebd.: 188).

Etwas konkreter beschreibt Moore die Verbindung zwischen informationeller Selbstbestimmung und dem Schutz der individuellen Persönlichkeitsentfaltung, wenn er ausführt, dass in liberalen Gesellschaften grundsätzlich der einzelne Mensch selbst seine Ziele und Pläne als Ausdruck seiner individuellen Persönlichkeit definieren können soll (Moore 2000: 699). Dies sei bei ständiger Zugänglichkeit und Kontrolle aller personenbezogenen Informationen durch den Staat, Unternehmen oder Nachbarn nicht so frei möglich, wie wenn ein informationeller Freiraum für das Individuum geschützt wird. Daher wird für Moore auch das Gefühl ein glückliches Leben als freie Person nach den eigenen Vorstellungen zu führen, davon beeinflusst, ob und inwieweit der Einzelne das Recht zur informationellen Selbstbestimmung hat (ebd.). Julie E. Cohen spricht in diesem Zusammenhang von der Rahmenbedingung eines Bereichs "relativer Isolation" (Cohen 2000: 1424), die notwendig sei, damit der Einzelne Autonomie im Sinne selbstbestimmter Persönlichkeitsentfaltung und Entscheidungsfreiheit lernen und ausüben könne (ebd.).

Dem einzelnen Menschen muss daher nach dieser liberalen Auffassung ein informationeller Freiraum verbleiben, in dem er unbehelligt (eventuell auch sozial oder rechtlich sanktionierte) "Ziele, Werte, Auffassungen über die eigene Persönlichkeit und handlungsleitende Prinzipien" (Nissenbaum 2004: 148) erforschen und formulieren kann, ohne hierfür staatliche Strafe oder soziale Sanktionen befürchten zu müssen (ebd. m. w. N.).

Steht ihm dieser informationelle Freiraum nicht zur Verfügung, passt der Einzelne im Ergebnis seine Planungen und sein Verhalten wahrscheinlich den unterstellten Erwartungen (unbewusst) an. Dieser mittelbare Zusammenhang ist als *Panoptikum-Effekt* bekannt. Die Bezeichnung geht auf einen von Jeremy Bentham in seinen Bemühungen um eine Reform des britischen Gefängniswesens Ende des 18. Jahrhunderts favorisierten Gebäudetyp zurück (vgl. Bentham 1995: 29-95). Dabei handelt es sich um einen kreisförmig um einen Innenhof angeordneten Gefängnisbau, dessen Zellen alle jeweils von einem im Zentrum des Innenhofs positionierten Überwachungsturm einsehbar sind (Mills 2008: 71). Die architektonische Anordnung ist dabei so konzipiert, dass zwar die Wächter auf dem Überwachungsturm im 360° Rundumblick stets jeden Gefangenen beobachten können, diesen jedoch der Blick auf die Wächter versperrt bleibt (ebd.). Der einzelne Gefangene kann sich so zu keinem Zeitpunkt sicher sein, ob er gerade beobachtet wird oder nicht. Hierdurch entsteht ein "psychologischer Druck, der die Gefangenen dazu drängt ihr Verhalten jederzeit an die [vorgegebenen oder von ihnen auch nur vermuteten] akzeptablen Standards anzupassen" (ebd.). Auf diese Weise werden die Gefangenen zu ihren eigenen Wächtern, ganz unabhängig davon, ob und wie oft und intensiv ihr Verhalten von den tatsächlichen Wächtern beobachtet wird (ebd.: 71f.).

Dieser Effekt greift auch außerhalb des Gefängnisses, wenn sich der Einzelne aufgrund der tatsächlichen Gegebenheiten nicht mehr sicher sein kann, wem seine personenbezogenen Informationen wann bekannt sind, wer sie wann und wie erhebt, speichert und zu welchen Zwecken bzw. mit welcher Intention diese Informationen verwendet, verarbeitet oder weitergeben werden. Dies führt im Ergebnis zu einer Angleichung der Einstellungen, Entscheidungen und des Verhaltens des Individuums an normative Vorgaben all derjenigen, die als mögliche 'Wächter' identifiziert werden (Foucault 1992: 263-268). Der *Panoptikum-Effekt* schränkt somit die Einstellungs-, Entscheidungs- und Handlungsalternativen des Individuums ein. Das Maß seiner Freiheit wird reduziert (Reiman 1995: 35-38).

Ableitbar sind hieraus nicht nur das Erfordernis die Überwachung dieses für die Persönlichkeitsentwicklung relevanten informationellen Freiraums zu verhindern, sondern zugleich die Begründung eines wirksamen Rechts über die persönlichkeitsbezogenen Informationen selbst zu bestimmen bzw. deren Verbreitung steuern zu können, um auch das Gefühl möglicher Überwachung zu verhindern: Wenn die Integrität von persönlichkeitsrelevanten Informationen für das Individuum Voraussetzung ist seine Unabhängigkeit zu erhalten bzw. seine Autonomie auszuüben, dann muss es auch deren weitere Verbreitung kontrollieren können (Fried 1970: 143). Ein solches Recht gleicht damit strukturell dem Selbstbestimmungsrecht über den eigenen Körper (Nissenbaum 2004: 149).[12]

Beim Persönlichkeitsargument handelt es sich somit im Grunde um das ergänzende Gegenstück des Abwehr- bzw. Begrenzungsarguments: Die Verleihung subjektiver Rechte – wie dem auf informationelle Selbstbestimmung – dient auf der

---

12 Auch in die Begründung des Grundrechts auf Privatsphäre im Sinne von informationeller Selbstbestimmung durch den US-amerikanischen Supreme Sourt hat das Persönlichkeitsargument Eingang gefunden. So stellte das Gericht 1977 in *Carey v. Population Services International* fest, dass das verfassungsrechtliche Recht auf *privacy* dem Schutz individueller Autonomie vor staatlicher Beschneidung diene (Carey v. Population Services International, 431 U.S. 678, 1977; Sandel 1995: 78).

einen Seite der Begrenzung staatlicher oder gesellschaftlicher Macht und damit zugleich auf der anderen Seite der Sicherung freier Persönlichkeitsentwicklung und Lebensführung.

## 3.4 Das liberale Rollenargument

Ein weiteres liberales Argument zur Begründung eines subjektiven Rechts auf Kontrolle über personenbezogene Informationen, welches an das zuletzt genannte Ziel des Schutzes freier Lebensführung anschließt, beruht auf der Erkenntnis, dass die Mitglieder der komplexen modernen Gesellschaften in ihrer sozialen Praxis eine Vielzahl von sozialen Rollen (z. B. Arbeitnehmer, Familienmitglied, Vereinsmitglied, Fan etc.) besetzen. Dies erfordert den differenzierten Umgang mit personenbezogenen Informationen.

Soziale Beziehungen basieren auf durch ständige Übung definierten Verhaltensmustern, die sich je nach Art der sozialen Beziehung unterscheiden. So kann und muss sich ein einzelner Mensch im Berufsleben als Abteilungsleiter ganz anders verhalten, als er oder sie es im Familienleben als Muttersöhnchen oder Vatertöchterchen tut (Rachels 1975: 326). Mit den unterschiedlichen Verhaltensmustern korrespondiert jeweils eine unterschiedliche Praxis im Umgang mit personenbezogenen Informationen. Teilweise erfordern bestimmte Arten von sozialen Beziehungen den Austausch vieler persönlicher Informationen durch die Beteiligten, während dies in anderen nicht üblich ist oder sogar sozial sanktioniert wird. Rita C. Manning beschreibt als Beispiel hierfür, dass man etwa seinen Zahnarzt mit Informationen über die persönlichen Zahnreinigungsgewohnheiten versorgen müsse, während diese Informationen für eine funktionierende und erfolgreiche Beziehung zum eigenen Automechaniker nicht erforderlich sind (Manning 1997: 819). Soziale Sanktionen treffen wahrscheinlich Personen, die Details über das eigene Sexualleben im Arbeitsumfeld veröffentlichen. Dies kann sogar zum Jobverlust führen. Beachtet werden muss aber auch, dass es keine allgemeingültigen Definitionen für informationelle Verhaltensmuster in bestimmten sozialen Beziehungen gibt (Rachels 1975: 328).

Grundsätzlich lässt sich feststellen: Je enger und persönlicher die soziale Beziehung ist, desto mehr Informationen müssen ausgetauscht werden und desto anfälliger ist die soziale Beziehung für informationelle Beeinflussung von außen. Liebe oder Freundschaft sind nur möglich, wenn den betroffenen Personen eine informationelle Privatsphäre für ihre intime Beziehung zugestanden wird und wenn sich auch die Beteiligten selbst an die informationellen Verhaltensregeln halten (Fried 1970: 138, 140, 142). Am Maß und Inhalt der ausgetauschten persönlichen Informationen lässt sich somit laut Robert S. Gerstein zugleich die Intimität einer sozialen Beziehung bemessen (Gerstein 1978: 76). Dies gilt auch für die Beteiligten selbst. Luciano Floridi weist ergänzend darauf hin, dass es zudem auf die wechselseitige Wertschätzung und Bedeutung des Informationsaustauschs ankommt (Floridi 2006: 115).[13] James Rachels führt als Beispiel den Fall der Freunde an, von denen einer in seiner Freizeit mit Inbrunst Gedichte schreibt, diese an viele seiner Bekannten weitergibt, nicht aber an seinen Freund. Dies kann bei diesem, wenn er davon (von einem Dritten) erfährt, das Gefühl auslösen, dass, wenn der eigene Freund ihm diesen wichtigen Teil seines Lebens vorenthält, die Beziehung doch nicht so eng ist, wie er sie zuvor eingeschätzt hat (Rachels 1975: 328). Um seine sozialen Beziehungen steuern zu können, muss es folglich dem Individuum möglich sein über die Zugänglichkeit der entsprechenden Informationen zu bestimmen (ebd.: 330f.; Gerstein 1978: 76; Manning 1997: 819). Ruth Gavison beschreibt dies anschaulich als Möglichkeit des Individuums seine sozialen Rollen selbst "schreiben" (Gavison 1980: 450) zu können. Ganz in diesem Sinne definiert auch Charles Fried *privacy* als Kontrolle des Individuums über die es betreffenden Informationen (Fried 1970: 140; DeCew 2008: § 3.3). Für Fried hat informationelle Selbstbestimmung einen intrinsischen Wert, welcher in der Freiheit sich selbst und die Beziehungen zu anderen Menschen definieren zu können, zum Ausdruck kommt (DeCew 2008: § 3.3).

Das liberale Rollen- bzw. Beziehungsargument steht damit zugleich in einer direkten Verbindung zum Wandel der sozialen Praxis: Formen und Verfahren zwischenmenschlicher Beziehungen sind nicht feststehend, sondern einem stetigen Wandel unterworfen (Rachels 1975: 329).

Neue Formen und Praktiken zwischenmenschlicher Beziehungen entstehen derzeit u. a. in den unterschiedlichen Erscheinungsformen des sog. *Web 2.0*.[14] Dabei handelt es sich um neuartige Software-Technologien und -anwendungen, die es dem einzelnen Nutzer auch ohne Programmierkenntnisse ermöglichen anderen Nutzern eigene Inhalte über das Internet zur Verfügung zu stellen, sich zu vernetzen und so in einem umfassenden Daten- bzw. Informationsaustausch mit diesen einzutreten. Populäre Anwendungen für private Nutzer, die unter den Begriff des *Web 2.0* fallen, sind beispielsweise die sog. 'Wikis' (wie *Wikipedia*), Plattformen für den Austausch von Lesezeichen (wie *del.icio.us*), Netzwerkplattformen (wie *Face-*

---

13 Jeffrey H. Reiman lehnt die gerade vorgestellte Bemessung von Intimität an Umfang, Inhalt und Bedeutung der ausgetauschten Informationen hingegen gänzlich ab, da ein solcher Intimitätsbegriff den Aspekt der gegenseitigen Fürsorge in engen zwischenmenschlichen Beziehungen nicht abbilde (Reiman: 1995: 31).
14 Der Begriff geht auf die Benennung einer Konferenz durch den Verleger Tim O'Reilly im Jahr 2004 zurück; vgl. O'Reilly, Tim: *Web 2.0 Conference*; unter: <http://conferences.oreillynet.com/web2con/> Zuletzt abgerufen am 1.8.2012. Der Begriff *Web 2.0* hat allerdings keinen Selbsterklärungswert und bleibt mithin notwendig unscharf. Daher wird von Jan Schmidt mit Blick auf die internaktiven Funktionen der meisten Dienste der Terminus "Social Web" (Schmidt 2009: 9) vorgeschlagen.

*book* oder *Google+*), Plattformen zum Austausch von multimedialen Inhalten (wie *Youtube* oder *Pinterest*) oder Weblogs bzw. Mikroweblogs, die es ermöglichen aufwandsreduziert Texte zu publizieren (wie *Twitter*) (Schmidt 2009: 22-26). Alle diese Anwendungen zeichnen sich durch ein gemeinsames Merkmal aus: Die Nutzer müssen, um die volle Funktionalität der Angebote in Anspruch nehmen zu können, in großem Umfang personenbezogene Informationen über sich offenbaren bzw. einstellen.[15] Nur dann entstehen die gewünschten Netzwerkeffekte, indem etwa andere Nutzer auf die Beiträge aufmerksam werden, diese kommentieren und sich mit den Autoren verlinken können (ebd.: 23). Dazu müssen die Informationen zwangsläufig dauerhaft gespeichert und technisch durchsuchbar gemacht werden. Die dabei anfallenden digitalen Daten sind zugleich sehr einfach zu vervielfältigen und können leicht weitervermittelt werden (ebd.: 107f.). Dies stellt die Nutzer vor neuartige Herausforderungen: Sie müssen sehr bewusst entscheiden, wem sie was in welcher Form zugänglich machen und wie sie sich selbst dabei darstellen, da einmal entäußerte personenbezogene Informationen durch die technologische Konfiguration im *Web 2.0* faktisch nun nicht mehr zurückgezogen bzw. depubliziert werden können (ebd.: 115f.). Jan Schmidt (2009: 72-103) erkennt daher gesteigerte Anforderungen an den einzelnen Nutzer bei den Entscheidungen über das "Zugänglich-Machen von Aspekten der eigenen Person" (ebd.: 71) im Rahmen von "Identitätsmanagement" (ebd.), über die "Pflege bestehender und [das] Knüpfen neuer Relationen" (ebd.) im Rahmen von "Beziehungsmanagement" (ebd.) und über das "Selektieren, Filtern, Bewerten und Verwalten von [allgemeinen] Informationen" (ebd.) im Rahmen von "Informationsmanagement" (ebd.).

Die praktischen Anforderungen an das Individuum im Hinblick auf den differenzierten Umgang mit personenbezogenen Informationen steigen also durch diese aktuelle Entwicklung seiner medialen und kommunikativen Lebenswirklichkeit. Damit erhöht sich im Sinne des vorgestellten liberalen Rollenarguments der Druck dem Individuum die entsprechenden Kontroll- und Steuerungsmöglichkeiten im Hinblick auf seine Informationen einzuräumen. Wer keine Kontrolle darüber hat, wem der Zugang zu seinen personenbezogenen Informationen offensteht, kann die sozialen Verhaltensmuster nicht identifizieren, die er an den Tag legen muss, um nach seinen Vorstellungen stabile soziale Beziehungen aufbauen und führen zu können (Rachels 1975: 331). Die argumentative Kraft des liberalen Rollenargu-

---

15 Hierauf beruhen die Geschäftsmodelle der meisten Anbieter entsprechender Dienste und Anwendungen. Diese bieten anderen Unternehmen die Möglichkeit an auf ihren Plattformen Werbung zu platzieren, welche auf Basis der vorliegenden Informationen über die Nutzer an deren Vorlieben und Bedürfnisse angepasst werden können, so dass eine sehr zielgruppenspezifische Adressierung möglich wird (s. o. FN 10). Dazu lassen sich die Anbieter weitreichende Erhebungs-, Speicherungs- und Verwertungsbefugnisse von ihren Nutzern einräumen. Hierin besteht somit die Gegenleistung für die Nutzung der ansonsten meist kostenlos angebotenen *Web 2.0*-Anwendungen.

ments wächst somit in dem Maße, in welchem die Kontrollmöglichkeit über personenbezogene Informationen zur notwendigen Bedingung für selbstbestimmte Einbettung des Individuums in ein Netz aus stabilen sozialen Beziehungen wird.

## 3.5 Sicherung freier demokratischer und sozialer Teilhabe

Anschließend an das liberale Persönlichkeitsargument und an das liberale Rollenargument wird die Notwendigkeit des Schutzes personenbezogener Informationen zur Sicherung der Teilhabechancen des Einzelnen in einer liberalen demokratischen und sozialen Gesellschaftsordnung betont. Nur wenn die Mitglieder einer liberalen Gesellschaft in ihrer Persönlichkeitsentwicklung und in ihren sozialen Beziehungen durch umfassende Rechte in Bezug auf ihre informationelle Selbstbestimmung geschützt sind, können sie die an sie gestellten komplexen Anforderungen als Bürger eines demokratischen Gemeinwesens und als soziale Person erfüllen bzw. die entsprechenden Entscheidungen – etwa bei Wahlen – treffen (Cohen 2000: 1426f.).

Können staatliche Stellen hingegen das informationelle Verhalten des einzelnen Bürgers im Vorfeld von Wahlentscheidungen oder sonstigen Partizipationsakten umfassend überwachen, werden damit auch staatliche Unterdrückungsmaßnahmen ermöglicht (Moore 2000: 699). Eindrucksvolle Beispiele hierfür sind die Verfolgung von Dissidenten aufgrund der über sie zuvor vom geheimdienstlich arbeitenden Ministerium für Staatssicherheit erhobenen personenbezogenen Informationen in der DDR oder auch die aktuellen Fälle in China und Weißrussland (vgl. Wantischke 2001: 38-84, insbesondere 67-77; vgl. Freedom House 2012a; vgl. Freedom House 2012b).

Zudem ist bei Kenntnis des Betroffenen von diesen staatlichen Maßnahmen mit einer (unbewussten) Verhaltensanpassung zu rechnen (s. o. 3.3). Eine demokratische Staatsorganisation liberaler Prägung setzt aber auch in der Praxis eine freie, also selbstbestimmte Willensbildung der Bürger – in repräsentativ ausgestalteten Systemen vor allem bei den Wahlen als wichtigsten Legitimationsvermittlungsakten – voraus. Nur dann kann von einer Herrschaft der Beherrschten über sich selbst und damit von einer demokratischen Staatsorganisation gesprochen werden. Denn in einem demokratisch organisierten Gemeinwesen sollen "die der Herrschaftsordnung Unterworfenen [...] zugleich deren Schöpfer sein" (Dreier 2006: Art. 20 [Demokratie], RN 1).

Das liberale Teilhabeargument zielt also neben dem Schutz subjektiver Partizipationschancen zugleich auch auf die objektive Sicherung demokratischer Staatsorganisation und entsprechender Verfahren ab. Mit ihm lässt sich somit insbesondere die Notwendigkeit eines Rechts auf informationelle Selbstbestimmung gegenüber staatlichen Stellen begründen.

Darüber hinaus sind auch die alltäglichen sozialen Routinen durch Reduktion der zu verarbeitenden Information und zu treffenden Entscheidungen einfacher zu bewältigen, wenn dem Einzelnen die Kontrolle über personenbezogene Informationen möglich ist (Cohen 2000: 1427). Wer weiß, dass er dabei durch Rechte geschützt wird, muss weniger Kapazitäten dafür aufwenden zu entscheiden, welche Informationen er oder sie wann und wem zugänglich macht. Dies ermöglicht in der Praxis erst eine unvoreingenommene Teilhabe an sozialen Prozessen. Wer dagegen in ständiger Unsicherheit darüber, was andere über ihn wissen, leben muss, kann vor der Teilnahme an sozialen Prozessen abgeschreckt werden (s. o. 3.3, 3.4). Aus dieser Verbindung von Rollen- und Teilhabeargument begründen somit die Notwenigkeit der Sicherung von Kontrolle über die eigenen personenbezogenen Informationen durch subjektive Rechte des Individuums auch gegenüber anderen, nicht staatlichen Stellen, wie Unternehmen, Personenvereinigungen oder Einzelpersonen.

### 3.6 Liberale Argumentationsfiguren im Anschluss an John Rawls

Neben den bisher dargestellten, vergleichsweise allgemeinen liberalen Argumenten zur Begründung der Notwendigkeit eines subjektiven Rechts auf informationelle Selbstbestimmung lassen sich auch aus der – für die aktuelle Diskussion in der politischen Theorie immer noch sehr bedeutenden – Arbeit von John Rawls zwei weitere, strukturell komplexere Argumentationsfiguren entwickeln, welche diese liberale Forderung unterstützen. Rawls untersucht in seinem Hauptwerk "A theory of Justice" (Raws 1971) die theoretischen Grundlagen eines Rechts auf Schutz personenbezogener Informationen nicht ausdrücklich: Zwar entwickelt er eine ausgefeilte Begründung für eine egalitäre Verteilung möglichst umfangreicher individueller Freiheitsrechte wie Wahl- und sonstige Partizipationsrechte, Meinungs-, Versammlungs- und Religionsfreiheit sowie die Rechte auf Eigentum, körperliche Unversehrtheit oder Schutz vor Willkür und Terror (ebd.: 60, 356; Meyer 1996: 21; Kersting 1993: 51). Mit einem Recht auf informationelle Selbstbestimmung setzt er sich allerdings nicht näher auseinander.

Jedoch lässt sich laut Manning (1997: 817) aus den allgemeinen Aussagen eine solche Begründung ableiten. Nach Ansicht von Rawls haben rationale Individuen sehr unterschiedliche Lebenspläne, welche sie in einer gerechten Gesellschaft grundsätzlich autonom verfolgen können sollen (ebd.; Meyer 1996: 16). Rawls hält den Einzelnen hierzu aufgrund seiner Fähigkeit zur moralischen Selbstbestimmung und zur Anerkennung fairer Beschränkungen seiner Freiheit aus Gemeinwohlgründen für durchaus in der Lage (Meyer 1996: 16). Manning (1997: 817) betrachtet unter diesen Vorgaben den Fall der Überwachung von Arbeitnehmern am Arbeitsplatz, wenn der Arbeitgeber etwa die Internetnutzung seiner Mitarbeiter aufzeichnet oder ihre Aktivitäten per Kamera verfolgt: Aufgrund der Fähigkeit des Einzelnen zur moralischen Autonomie, aber auch zur Anerkennung fairer Beschränkungen und der Forderung von Rawls nach einer möglichst weitgehenden Ausstattung aller Gesellschaftsmitglieder mit gleichen Grundfreiheiten, verstößt dies in einer gerechten Gesellschaft im Sinne von Rawls gegen ein Recht des Einzelnen in seinem (informationellen) Verhalten nicht überwacht zu werden (ebd.). Schließlich ist davon auszugehen, dass der Arbeitnehmer Beschränkungen seiner Handlungsoptionen am Arbeitsplatz (z. B. Verbot der Nutzung des Internets zu privaten Zwecken während der Arbeitszeit) von sich aus akzeptieren wird, wenn sie denn einen begründeten Anspruch des Arbeitgebers repräsentieren (vgl. Meyer 1996: 21). Daher muss dem Einzelnen ein grundsätzliches Abwehrrecht gegen solche Verletzungen seiner informationellen Integrität zustehen, das sicherstellt, dass der Einzelne seine moralische Autonomie ausüben kann (Manning 1997: 817).

Ein weiteres Argument für ein Recht auf Schutz personenbezogener Informationen lässt sich aus Rawls' Konzeption von "Primärgütern" (Rawls 1971: 62) gewinnen. Hierunter versteht er "Dinge, die vermutlich jeder rationale Mensch haben will" (ebd.). Beispiele hierfür sind etwa Gesundheit und Intelligenz als natürliche Grundgüter und Rechte, Möglichkeiten, Einkommen als soziale Grundgüter (ebd.). Seine Überlegungen und Ausführungen zur distributiven Gerechtigkeit beziehen sich gerade auf die Regeln der Verteilung der sozialen Primärgüter (Nida-Rümelin/ Özmen 2007: 653). Rawls selbst hält "Selbstachtung und [...] Selbstwertgefühl" (Rawls 1971: 396) für die wahrscheinlich wertvollsten sozialen Grundgüter (ebd.). Selbstrespekt und Selbstwertgefühl hängen einerseits davon ab, dass das Individuum einen rationalen Lebensplan hat, andererseits aber ebenso davon, dass es als Person von anderen geschätzt wird und hierdurch soziale Anerkennung erfährt (ebd.: 440). Gerade diese wird dem Einzelnen jedoch versagt, wenn personenbezogene Informationen vom Staat oder anderen Privaten ohne dessen Wissen und Zustimmung beispielsweise zum Zweck der Überwachung erhoben und verarbeitet werden. Sobald der Betroffene hiervon Kenntnis erlangt, muss er davon ausgehen, dass ihm kein Vertrauen und keine Anerkennung entgegengebracht werden (Manning 1997: 818). Dem betroffenen Individuum können so die beiden wesentlichen Primärgüter Selbstrespekt und Selbstwertgefühl vorenthalten bzw. entzogen werden (vgl. ähnlich Fried 1968: 482).[16]

Folglich muss auch aus diesem Grund dem Individuum in einem nach den Vorgaben von Rawls konfigurierten Gemeinwesen ein grundsätzliches Recht zur informationellen Selbstbestimmung gegenüber staatlichen Stellen und auch anderen Privatpersonen zustehen (Manning 1997: 818).

---

16 Deutlich wird nun die inhaltliche Ähnlichkeit dieser Begründung mit dem liberalen Rollenargument (s. o. 3.4).

## 3.7 Liberale Anforderungen an den rechtlichen Schutz personenbezogener Informationen

Aus den liberalen Argumentationsfiguren ergibt sich somit zusammengefasst die Anforderung, dass das Individuum selbst die Zugänglichkeit und Verbreitung der seine Person betreffenden Informationen in einer liberalen Staats- und Gesellschaftsordnung im Sinne eines Rechts auf informationelle Selbstbestimmung kontrollieren können muss. Das Recht auf informationelle Selbstbestimmung kann somit als das Recht die Zugänglichkeit der eigenen Informationen zu steuern, verstanden werden (Moore 2000: 699; Moore 2003: 218). Und dieses Recht bezieht sich grundsätzlich auf alle Arten von personenbezogenen Informationen, egal ob es sich um *interne* oder *externe* Informationsgehalte handelt oder aus welchem Bereich der persönlichen Lebensgestaltung sie stammen (vgl. Moore 2000: 699; s. o. 2.3).

Liberale sprechen sich daher dafür aus informationelle Selbstbestimmung als individuelles Recht anzusehen, das den Interessen und entsprechenden Rechten von anderen (juristischen und natürlichen) Personen nicht von vornherein über- oder untergeordnet ist, sondern mit diesen in Ausgleich gebracht werden muss. Damit korrespondiert ein Achtungsanspruch sowohl gegenüber staatlichen Stellen als auch anderen 'Privaten' wie Einzelpersonen, Vereinigungen oder Unternehmen (vgl. Moore 2000: 700).

Wie Fried feststellt, ist es in den meisten entwickelten Gesellschaften nicht möglich dem Individuum umfassende, allgemein wirksame Rechtspositionen einzuräumen, ohne Institutionen zur Sicherung und Durchsetzung dieser Rechte in Form von rechtlichen Normen und Verfahren zu schaffen (Fried 1970: 152). Wo der Einzelne nicht in der Lage ist die Einhaltung und Durchsetzung seines moralischen Rechts selbst sicherzustellen und zu überwachen, sind daher durchsetzbare rechtliche Normen, die andere Einzelpersonen, Vereinigungen, Unternehmen und auch den Staat zur Beachtung dieses Rechts verpflichten, notwendig. Darüber hinaus sind dann auch wirksame Rechtsweggarantien und Rechtsdurchsetzungsmöglichkeiten für den Einzelnen nach liberaler Ansicht unverzichtbar, um die Durchsetzbarkeit und damit die Wirksamkeit des Rechts in der Praxis zu gewährleisten.

Die liberalen Argumentationsfiguren führen mithin zu dem Schluss, dass in einer rechtlichen Regelung des individuellen Datenschutzes zunächst ein grundsätzliches Verbot der Zugriffs- und Nutzungsmöglichkeit personenbezogener Informationen sowohl durch staatliche Stellen als auch durch andere Private vorzusehen ist (vgl. Bernal 2011: 247-255).[17]

Widerspruchsfrei zu den liberalen Argumenten können hiervon jedoch Ausnahmetatbestände vorgesehen werden: Wichtigste Ausnahme ist zunächst Zugriff und

---

17 Informationelle Selbstbestimmung ist als Grundsatz also sowohl im Zivilrecht als auch im Öffentlichen Recht zu garantieren.

Nutzung personenbezogener Informationen bei Zustimmung des Betroffenen. Ein Selbstbestimmungsrecht hat nicht nur negativen Abwehrcharakter, sondern räumt zugleich das positive Recht ein Informationen für andere freizugeben (vgl. Moore 2000: 700). Ansonsten wären auch die meisten sozialen Beziehungen und Prozesse nicht mehr durchführbar, da diese fast immer den Austausch von personenbezogenen Informationen voraussetzen (s. o. 3.4).[18] Jedoch ist zu beachten, dass der Prozess der Zustimmung des Individuums zur Freigabe und Nutzung seiner personenbezogenen Informationen fair verlaufen muss (vgl. Moore 2000: 700). Das heißt, dass dem Betroffenen Art, Inhalt und Umfang der freizugebenden Information und Art und Umfang der Nutzung bewusst sein müssen. Sofern dies aufgrund der spezifischen Verhandlungssituation (Arbeitnehmer verhandelt mit Arbeitgeber) oder der faktischen Ungleichheit der Beteiligten (Einzelperson verhandelt mit dem Staat oder einem Großunternehmen) nicht gegeben ist, muss nach liberaler Argumentation auch die Fairness der Verhandlungssituation durch rechtliche Regelung gesichert werden, denn sonst liegt im Ergebnis keine echte Selbstbestimmung des Individuums, sondern nur eine (versteckte) Fremdbestimmung vor. Dies kann beispielsweise Transparenzregeln erfordern, nach denen der Staat oder Unternehmen verpflichtet sind Einzelpersonen vor deren Zustimmung zu informationellen Zugriffen über deren Ausmaß und Folgen zu informieren oder das Verbot Entscheidungen über den Arbeitsplatz mit der Zustimmung des Arbeitnehmers zu Überwachungsmaßnahmen zu koppeln, wenn dem Arbeitnehmer ansonsten keine Ausweichmöglichkeiten verbleiben (vgl. ebd.: 700-706).

Unter ebenso fairen Bedingungen ist im liberalen Konzept auch eine Zustimmung zu längerfristiger Speicherung oder Weitergabe der Informationen zulässig, wenn nicht das informationelle Selbstbestimmungsrecht dadurch ausgehöhlt wird, dass dem Betroffenen danach keine Möglichkeiten mehr verbleiben Zugänglichkeit und Verbreitung wesentlicher personenbezogener Informationen noch zu kontrollieren und zu steuern. Daher sind Auskunfts- und Löschungsansprüche vorzusehen, insbesondere für den Fall, dass sich das Individuum später entscheidet seine Zustimmung widerrufen zu wollen.[19]

Im Hinblick auf die vorgestellten liberalen Argumente ist es, wie Fried feststellt, daneben aber ebenfalls begründbar eng begrenzte Ausnahmen vom grundsätzlichen Verbot von Zugriff und Nutzung ohne oder gegen den Willen des Betroffenen vorzusehen, wenn aus den liberalen Prämissen ableitbare schutzwürdige Interessen oder Rechte eines anderen, von Vereinigungen, Unternehmen oder auch des Staates im Einzelfall höher zu bewerten sind bzw. in einer Abwägung der entsprechenden

---

18 In der Praxis werden daher auch die meisten Zustimmungen zum Zugriff und zur Nutzung von personenbezogenen Informationen nicht ausdrücklich sondern konkludent erteilt.
19 Alternativ wäre auch eine Regulierung, die von vornherein eine zeitliche Befristung der Wirksamkeit einer Zustimmung vorsieht, mit den liberalen Anforderungen vereinbar.

Rechts- und Interessenpositionen überwiegen (Fried 1970: 144).[20] Die jeweiligen Gewichtungen und Abwägungen für konkrete Konfliktfälle bleiben dabei den politischen und sozialen Prozessen überlassen und können dementsprechend von Gesellschaft zu Gesellschaft unterschiedlich ausfallen. Eine eindeutige Ableitung allein aus den liberalen Prinzipien und Argumenten ist nicht möglich (ebd.).[21]

Wenn sich schon die einzelnen Ergebnisse der Gewichtungs- und Abwägungsprozesse somit nicht aus den liberalen Prinzipien ableiten lassen, können doch Maßstäbe und Kriterien hierfür aus der Analyse der Argumente zur Begründung des Rechts auf informationelle Selbstbestimmung gewonnen werden: So fordern sowohl das Begrenzungsargument als auch das Teilhabeargument einen besonders starken Schutz politisch relevanter Informationsgehalte – z. B. über die politische Einstellung – vor staatlichem Zugriff ein, um hierauf beruhende unmittelbare oder mittelbare Repressionen zu verhindern und dadurch freie Teilhabe an den demokratischen Prozessen zu ermöglichen (s. o. 3.2, 3.5).

Aus dem Rollenargument bzw. der sozialen Dimension des Teilhabearguments lässt sich ableiten, dass der Schutz personenbezogener Informationen danach variieren kann, wie wichtig die Informationen für die soziale Einbindung einer Person sind. Besonderen Schutz müssen daher diejenigen Informationen genießen, welche die engsten zwischenmenschlichen Beziehungen einer Person betreffen. Dies kann sich etwa auf Informationen über das Sexualverhalten oder die Familienplanung beziehen, die oft auch mit dem Begriff 'intim' bezeichnet werden (s. o. 3.4, 3.5).

Aus dem Persönlichkeitsargument folgt zuletzt, dass in Bezug auf sonstige Informationsgehalte mit Personenbezug ein gestuftes Schutzkonzept denkbar ist, das danach differenziert, wie persönlichkeitsrelevant eine Information ist, wie stark

---

20 Hierbei kann man beispielsweise an das Sicherheitsinteresse des Staates oder an das Interesse des Arbeitgebers an Informationen über den Ausbildungsstand von Bewerbern denken.
21 Fried benennt selbst zwei Anforderungen an diese Abwägungsprozesse, damit ihre Ergebnisse vor dem Hintergrund liberaler Prämissen als gerecht betrachtet werden können: Erstens müssen laut Fried alle Interessen fair in den Prozessen repräsentiert sein und zweitens müssen die Ergebnisse der Prozesse den intrinsischen Wert der betroffenen Personen als Individuen respektieren und ihnen die notwendigen informationellen Mittel zur Führung zwischenmenschlicher Beziehungen belassen, d. h. sie müssen über hierfür ausreichende informationelle Kontrolle und Steuerungsmöglichkeit verfügen (Fried 1970: 144). Die zweite Anforderung verhindert somit wiederum, dass die grundsätzlich einzuräumende informationelle Selbstbestimmung im Nachhinein durch zu weitgehende Ausnahmetatbestände wieder ausgehöhlt wird. Ableiten lässt sie sich aus dem liberalen Persönlichkeits- und vor allem aus dem Rollenargument, das Fried selbst entscheidend mitentwickelt hat (s. o. 3.3, 3.4.). Die Forderung nach einer fairen Interessenrepräsentation in den politischen und sozialen Abwägungsprozessen (z. B. in einem Gesetzgebungsverfahren oder in Gerichtsprozessen) ergibt sich dagegen – wie das Fairnessgebot für die Verhandlungen über eine Zustimmung des Einzelnen zur Informationsnutzung durch andere – schon aus der Konzeption als Selbstbestimmungsrecht: Wer über seine personenbezogenen Informationen selbst bestimmen können soll, muss auch an den Entscheidungsprozessen über mögliche Beschränkungen mitwirken können bzw. – wo dies aus praktischen Gründen nicht möglich ist (z. B. im Gesetzgebungsverfahren einer repräsentativen Demokratie) – in seinem Interesse vertreten werden.

also ihre Verbindung zum Kern der Persönlichkeit und deren Entfaltung in der persönlichen Lebensführung ist (s. o. 3.3). Diesen innersten Kern der Persönlichkeit können u. a. Informationen über Weltanschauung, Glauben oder Zugehörigkeit zu ethischen oder kulturellen Gruppen betreffen, wenn sich das Individuum gerade hierüber selbst als Person definiert.[22]

Tab. 1: **Liberale Anforderungen an den rechtlichen Schutz personenbezogener Informationen**

| Grundsatz | Recht auf informationelle Selbstbestimmung = grds. Verbot des Zugriffs auf und der Nutzung von personenbezogene Informationen |
|---|---|
| Adressaten | - Staat<br>- Unternehmen, Vereinigungen, Privatpersonen |
| Ausnahmen | - Zustimmung des Betroffenen<br>- Schutz im Einzelfall höherwertiger individueller Rechtsgüter/Interessen<br>→ Erforderlichkeitsprüfung und fairer Abwägungsprozess notwendig |
| besonderer Schutz | - politisch relevante Informationen<br>- beziehungsrelevante Informationen<br>- persönlichkeitsrelevante Informationen |

Quelle: eigene Darstellung

## 3.8 Libertäre Argumentationsfiguren im Anschluss an Robert Nozick – Das Eigentumsargument

Während libertäre Autoren mit den Liberalen das Menschenbild vom selbstständigen Individuum als Bezugspunkt ihrer Konzeptionen von Staat und Gesellschaft teilen, unterscheiden sie sich in den hieraus gezogenen Konsequenzen. So argumentiert der prominente Vertreter der libertären Denkrichtung Robert Nozick bei seiner Auseinandersetzung mit Rawls in "Anarchy, State and Utopia" (Nozick 1974) für eine möglichst weitgehende faktische Gewährleistung persönlicher (Handlungs-) Freiheit zum Schutz der Möglichkeit unabhängiger Lebensführung. Für ihn ist das einzelne, von anderen unabhängige Individuum mit sehr starken subjektiven Rechten ausgestattet, vor allem mit Recht auf Selbsteigentum: Jeder Mensch besitzt danach das natürliche Recht über den eigenen Körper und die eigene Person zu bestimmen, ohne dass ein anderer oder gar der Staat hierein eingreifen darf (Weber 2003: 98). Alle weiteren individuellen Rechte haben bei Nozick ebenfalls die Form von Eigentumsrechten, da sie auf das Recht auf Selbsteigentum zurückgeführt werden können. Sie entfalten daher ebenso Abwehrwirkung gegenüber anderen Personen und dem Staat und dürfen nicht verletzt werden (Knoll 2008: 50).

---

[22] Ein solches gestuftes Schutzkonzept prägt auch die deutsche Rechtsprechung, welche dabei eine Einteilung von personenbezogenen Informationen nach Lebensbereichen vornimmt (s. o. 2.3).

Nozicks Staatskonzeption ist dementsprechend stark reduziert: Einzige Aufgabe für den Staat ist die Sicherung individueller Rechte. Jede darüber hinausgehende Maßnahme entfaltet für ihn umverteilende Wirkung, welche er als ungerecht ansieht (ebd.). Denn für Nozick kann Besitz gerecht nur durch ursprüngliche Aneignung oder Übertragung durch eine andere Person (Tausch, Erbschaft, Schenkung [ebd.: 60]) erlangt werden (Nozick 1974: 151). Zielwert des Staates ist also zuallererst Schutz der Rahmenbedingungen für einen funktionierenden Markt (vgl. Weber 2005: 97). Dies umfasst die Kriminalitätsprävention, die Strafverfolgung und die Möglichkeit der Durchsetzung von Verträgen, ausdrücklich aber nicht die staatliche Lenkung privater Aktivitäten zum unterstellten Wohl des Betroffenen (Nozick 1974: IX).

Wie Rawls beschäftigt sich auch Nozick nicht ausdrücklich mit einem Recht auf Datenschutz bzw. Schutz personenbezogener Informationen. Allerdings lässt sich dieses Recht auch als persönliche Freiheit im Umgang mit den eigenen Informationen auffassen und somit in eine Verbindung mit der allgemeinen Forderung Nozicks nach maximaler persönlicher Freiheit bringen. Eingriffe in die Freiheit im Umgang mit den eigenen Daten wären dann als Eingriffe in die persönliche Freiheit ungerechtfertigt, wenn sie die Möglichkeit einer unabhängigen Lebensführung beschneiden. Mit Nozick lässt sich daher ein sehr ausgeprägtes Recht auf informationelle Selbstbestimmung begründen (Manning 1997: 818).

Allerdings differenziert Nozick zwischen Eingriffen in die persönliche Freiheit durch staatliche Stellen und durch private Organisationen. So kann bei ihm ein Eingriff durch eine private Organisation in die Freiheit ihrer Mitglieder noch gerechtfertigt sein, während der gleiche Eingriff von staatlicher Seite aus abzulehnen ist, wenn sich das Individuum selbst für die Mitgliedschaft in der entsprechenden privaten Organisation entschieden hat (Nozick 1974: 320). Zur Mitgliedschaft in der staatlichen Gemeinschaft ist das Individuum dagegen laut Nozick gezwungen, was auch den staatlichen Eingriffen einen Zwangscharakter verleiht (Manning 1997: 818). Bei nicht staatlichen Stellen verhält sich dagegen anders. Hier befindet sich das Individuum durch das ihm grundsätzlich zustehende Recht auf informationelle Selbstbestimmung, das im Sinne Nozick eigentumsähnlich verstanden werden muss, im Besitz einer handelbaren Ware: seiner personenbezogenen Informationen (vgl. dazu auch die entsprechenden Überlegungen bei Posner 1978; ders. 1981). Diese kann es gegen eine andere Leistung eintauschen. So erfreuen sich beispielsweise Rabattpunktesystemen wie *Payback,* bei denen die Nutzer die entsprechenden Vergünstigungen im Gegenzug gegen Informationen über ihr Konsumverhalten bekommen, welche mittels der Transaktionsdaten beim entsprechenden Einkauf erhoben werden (van den Hoven/Vermaas 2007: 286), großer Beliebtheit.[23]

---

23 Vergleichbar ist die Lage bei vielen Angeboten des *Web 2.0* (s. o. FN 15).

Solche Lösungen in Austauschbeziehungen sind für Nozick unproblematisch (Knoll 2008: 60). Problematisch ist jedoch, wenn der entsprechende Markt für personenbezogene Informationen nicht transparent und fair ist, sondern ein Ungleichgewicht zwischen den (privaten) Anbietern von Informationen und den Nachfragern (Unternehmen) herrscht. Dies ist beispielsweise der Fall, wenn die Anbieter sich bei der Freigabe ihrer Informationen nicht darüber bewusst sind, welche Konsequenzen dies haben kann (Acquisti 2010: 24; van den Hoven/Vermaas 2007: 286; Cohen 2000: 1397).[24] Ein derartiges Ungleichgewicht in der Aushandlungssituation kann aber auch schon dadurch gegeben sein, dass die Anbieter der personenbezogenen Informationen deren Wert nicht kalkulieren können und sich so in einer strukturell nachteiligen Position befinden. Während Unternehmen wie *Facebook* oder *Google* als Nachfrager von personenbezogenen Informationen auf dem Endkundenmarkt wissen, welchen Geldwert diese am Werbemarkt, über den sie ihre Angebote für die Nutzer refinanzieren, haben, können die Nutzer bzw. Endkunden dies meist nicht einschätzen. Anders als in dem Fall, in dem Geld ihre Gegenleistung darstellt, können die Nutzer zudem die preiszugebende Menge an Informationen nicht zu ihrem 'Gesamtvermögen' an personenbezogenen Informationen in Relation setzen, da dieses keine feststellbare bzw. feststehende Größe ist. Informationen erfüllen in diesem Zusammenhang also aus Sicht des Nutzers zwar die Zahlungsmittelfunktion von Geld, jedoch für ihn nicht die Wertaufbewahrungs- und Wertbemessungsfunktion. Bei der Preisverhandlung für ihre Dienstleistungen befinden sich damit die Unternehmen im Vergleich zu den Nutzern grundsätzlich in einer vorteilhaften Position (vgl. Cohen 2000: 1397; vgl. Nissenbaum 2011: 34-35; vgl. Whittington/Hoofnagle 2012).

### 3.9 Libertäre Anforderungen an den rechtlichen Schutz personenbezogener Informationen

Im Hinblick auf den rechtlichen Schutz personenbezogener Informationen ergeben sich damit aus libertärer Sicht im Anschluss an Robert Nozick deutlich reduziertere Anforderungen als aus Sicht der Liberalen. So ist die informationelle Selbstbestimmung, die dem Individuum als Teilaspekt seiner umfassenden persönlichen Freiheit auch nach Meinung der Libertären zusteht, gegenüber dem libertären (Minimal-)Staat möglichst umfassend zu garantieren. Da nur wenige staatliche Eingriffe durch Zugriff auf und Verwendung von personenbezogenen Informationen vorstellbar sind, die dem Schutz eines funktionierenden Marktgeschehens dienen, folgt

---

[24] Dazu kann es beispielsweise kommen, wenn der Informationsanbieter nicht weiß, wie lange bestimmte Informationen gespeichert und verwertet werden.

hieraus das Erfordernis eines besonders hohen Schutzniveaus, das durch ein besonders starkes Abwehrrecht in Normen und Verfahren gewährleistet werden kann.[25]

In Bezug auf private Eingriffe ergibt sich hingegen zunächst, dass es hier keines rechtlichen Schutzes bedarf, solange und soweit der Umgang mit personenbezogenen Informationen auf dem Markt zwischen den verschiedenen Teilnehmern fair und transparent ausgehandelt wird (vgl. Cohen 2000: 1380-1382). Hier soll die Freiheit des Individuums möglichst weitgehend realisiert werden können. Dies bedeutet zugleich, dass keine besonderen rechtlichen Schutzvorkehrungen für bestimmte Kategorien von Informationsgehalten zu rechtfertigen sind. Es steht jedem frei alles über sich preiszugeben, wenn er dies möchte, respektive eine entsprechende Gegenleistung hierfür erhält. Im Ergebnis kommt es nach libertärer Vorstellung zu einer Regulierung des Umgangs mit personenbezogenen Informationen durch den Markt: Diejenigen Informationsnachfrager, welche mit Informationen nicht im Sinne der Betroffenen umgehen, verlieren deren Vertrauen und so im Endeffekt Marktanteile (ebd.: 1393).

Nur wenn die "quid pro quo" (van den Hoven/Vermaas 2007: 286) Lösungen nicht fair zustande kommen, muss von staatlicher Seite regulierend eingegriffen werden. Dann können beispielsweise Transparenzvorschriften bzw. Offenlegungs- und Kennzeichnungspflichten erforderlich sein, durch welche die Nachfrager von personenbezogenen Informationen dazu verpflichtet werden, aufzudecken, wie lange und zu welchem Zweck diese gespeichert werden, wem sie dabei zugänglich sind und wie die Informationen verwertet werden (ebd.).

**Tab. 2: Libertäre Anforderungen an den rechtlichen Schutz personenbezogener Informationen**

| Grundsatz | Recht auf informationelle Selbstbestimmung als Teil der umfassenden persönlichen Freiheit |
|---|---|
| Adressaten | - ggü. Staat: sehr weitgehendes Verbot des Zugriffs auf personenbezogene Informationen → Abwehrrecht <br> - ggü. Unternehmen, Vereinigungen, Privatpersonen: Verhandlungsmodell → grds. keine regulativen Eingriffe zulässig |
| Ausnahmen | - Schutz der Marktfunktion: <br>   o Staat: z. B. zum Zweck der Strafverfolgung <br>   o im Verhandlungsmodell bei Ungleichgewicht: Transparenz-, Offenlegungs- und Kennzeichnungspflichten möglich |
| besonderer Schutz | (-) |

Quelle: eigene Darstellung

---

25 Ein zulässiger Eingriff läge etwa bei der Registrierung von Straftätern in entsprechenden Karteien als Schutz vor (Wirtschafts-)Kriminalität vor. Auch die Abfrage von Informationen über das persönliche Einkommen zur Berechung von Steuern zur Finanzierung der rudimentären Staatstätigkeit wäre hinzunehmen.

# 4. Kommunitaristische Perspektive

Im Gegensatz zu liberalen und libertären Ansätzen steht bei kommunitaristisch argumentierenden Autoren, wie bereits erwähnt, nicht das selbstständige Individuum sondern die sozialen Gemeinschaften im Zentrum der jeweiligen Konzeptionen, die sie meist in Auseinandersetzung mit Liberalen und Libertären entwickeln (Meyer 1996: 3f.).[26] Kommunitaristen messen sozialen Gemeinschaften einen intrinsischen Wert zu. Individuellen Rechten werden Gruppen- bzw. Gemeinschaftsrechte oder auch das öffentliche Interesse bzw. Allgemeinwohl gegenübergestellt, welches für die Mitglieder der jeweiligen Gemeinschaft gilt (Sandel 1984: 6). Alle diese Positionen sollen miteinander in Ausgleich gebracht werden (Etzioni 1999: 198). Dabei ist die inhaltliche Vielfältigkeit kommunitaristischer Ansätze aber wohl noch größer, als bei liberalen und libertären Autoren (vgl. Weber 120-133 m. w. N. zu Positionen und Einteilungsmöglichkeiten kommunitaristischer Autoren).

Im Gegensatz zu Liberalen sehen Kommunitaristen die Hauptgefahr für einen Rückgang realer Freiheit und Wohlfahrt nicht darin, dass individuelle Bürgerrechte missachtet werden, sondern im Verlust der Fähigkeit der jeweiligen Gemeinschaft die subjektiven Bedürfnisse ihrer Mitglieder zu befriedigen (Etzioni 2003: XII). Vom Begriff der *Gemeinschaft* können nicht nur Staaten sondern auch andere Personenmehrheiten wie die Familie, die örtliche oder religiöse Gemeinde oder ein Wirtschaftsunternehmen erfasst sein (Sandel 1984: 5f.).

Schon nach dieser groben Charakterisierung ist klar, dass Autoren, welche dem Kommunitarismus zugerechnet werden können, auch in der Frage des rechtlichen Schutzes personenbezogener Informationen den liberalen und libertären Argumenten kritisch gegenüberstehen werden (4.1.; vgl. Weber 2005: 227, 248). Jedoch lassen sich auch aus kommunitaristischer Perspektive Begründungen dafür entwickeln, dass solche Informationen geschützt werden müssen (4.2), die zu einem spezifischen Anforderungsprofil an die entsprechenden rechtlichen Vorschriften führen (4.3).

---

26 Dabei geht es Kommunitaristen im Gegensatz zu Liberalen und Libertären oft gar nicht um die Ausarbeitung eines systematischen Modells der "wohlgeordneten Gesellschaft" (Weber 2003: 121), sondern darum durch Auseinandersetzung mit den theoretischen Grundlagen real existierender liberaler Gesellschaften konkrete Antworten auf bestimmte soziale Probleme und Fragestellungen zu geben, wozu sie teilweise auch empirisch vorgehen (ebd.).

## 4.1 Kommunitaristische Kritik am Konzept individueller informationeller Selbstbestimmung

Soziale Gemeinschaften sollen nach kommunitaristischer Auffassung grundsätzlich auf personenbezogene Informationen zugreifen und diese zu ihren Zwecken nutzen dürfen, wenn dies einem gemeinschaftlichen Gut wie beispielsweise der öffentlichen Sicherheit oder der Funktionsfähigkeit gemeinschaftlicher Einrichtungen dient (Etzioni 1999: 4 f.). Damit sind informationell invasive Methoden z. B. der Kriminalitätsprävention, Strafverfolgung, Steuereintreibung etc. durch staatliche Stellen oder die Überwachung der Mitarbeiter durch das Unternehmen am Arbeitsplatz grundsätzlich zulässig, wenn ohne sie die damit verbundenen gemeinschaftlichen Güter bedroht sind (ebd.: 12). Jedoch sollen nach den schlüssigen Vorgaben von Amitai Etzioni informationelle Eingriffe so sensitiv wie möglich durchgeführt und negative Nebeneffekte für die Einzelnen möglichst vermieden werden (ebd.: 13). Ein Beispielsfall hierfür läge vor, wenn Krankenversicherungen aus Gründen der Seuchenprävention von staatlichen Stellen erhobene, nicht anonymisierte Daten über die Ausbreitung von Infektionskrankheiten einsehen können. Dies hätte höchstwahrscheinlich sehr negative Nebeneffekte für die Betroffenen und wäre zugleich ein informationell intensiverer Eingriff als zur Zweckerreichung erforderlich.

Trotz der zuletzt genannten Einschränkungen wird hier das liberale Konzept informationeller Selbstbestimmung grundsätzlich abgelehnt.[27] Eine kommunitaristische Fundierung führt dagegen zum Konzept eines Ausgleichs gemeinschaftlicher und individualschützender Werte in der sozialen Praxis, in welche staatlicherseits nur regulativ eingegriffen werden darf, wenn diese oder jene offensichtlich verkannt werden (ebd.: 185, 200).[28] Die Möglichkeit für Einzelpersonen die Zugänglichkeit ihrer personenbezogenen Information zu steuern, ist also aus kommunitaristischer Sicht kein aus der Selbstständigkeit des Individuums erwachsendes moralisches, regulativ zu schützendes subjektives Recht, sondern "eine soziale Lizenz [... für den Einzelnen, welche bestimmte personenbezogene Informationen] vom gemeinschaftlichen, öffentlichen oder staatlichen Zugriff" (ebd.: 196) ausschließen kann. Priscilla M. Regan spricht von einem "sozialen Anspruch" (Regan 1995: 232), der von einem individuellen Recht zu unterscheiden sei (ebd.). Zu beachten ist hierbei aus kommunitaristischer Sicht stets der soziale, kulturelle und histori-

---

[27] Kern dieses liberalen Konzeptes ist es, wie gesehen, von einem grundsätzlichen Recht des Individuums zur Steuerung der Zugänglichkeit und Verbreitung seiner personenbezogenen Informationen auszugehen, gegenüber welchem sich der eingreifende Staat oder andere Stellen in einer Rechtfertigungspflicht befinden, und das auch in der entsprechenden rechtlichen Regulierung in Normen und Verfahren abzubilden und mit Interessen und Rechten von anderen in Ausgleich zu bringen ist (s. o. 3.7).
[28] Zumindest was den dort beinahe absoluten Schutz vor staatlichen Eingriffen angeht, richtet sich diese kommunitaristische Kritik zugleich gegen die libertäre Konzeption.

sche Hintergrund der entsprechenden Gemeinschaft (Etzioni 1999: 200; vgl. dazu näher unter 4.2).

## 4.2 Kommunitaristische Argumentationsfiguren zur Begründung des Schutzes personenbezogener Informationen

Folglich lassen sich auch auf Grundlage kommunitaristischer Prämissen Argumente zur Begründung eines individuellen Schutzanspruchs hinsichtlich personenbezogener Informationen entwickeln, ohne sich in Widerspruch zu den Kritikpunkten der Kommunitaristen an den liberalen und libertären Argumentationsfiguren zu begeben.

So lässt sich das Rollenargument auch von einem kommunitaristischen Standpunkt aus führen (vgl. 3.4). Hat doch die soziale Einbettung des Einzelnen einen bedeutenden Einfluss auf die Herausbildung einer eigenen Identität und damit verbundener Selbstachtung. Identität zu stiften ist eine der wesentlichen Funktionen von sozialen Rollen (vgl. Müller 2011: 36-72). Soziale Rollen wirken sich aber nicht nur jeweils auf die einzelnen Menschen sondern zugleich auf die Gemeinschaft selbst aus. Denn nur, wenn jedes einzelne Mitglied seine Rolle(n) in der jeweiligen Gemeinschaft adäquat ausfüllen und die damit verbundenen Anforderungen erfüllen kann, sind diese stabil. Stabilität von sozialen Gemeinschaften ist einer der wichtigsten Zielwerte kommunitaristischer Ansätze. Daher hat die erfolgreiche soziale Integration des Einzelnen für Kommunitaristen eine erhebliche Bedeutung (Weber 2005: 123-125). Folglich können Kommunitaristen gleichlaufend zu den Liberalen die Forderung nach dem Ausschluss bestimmter beziehungsrelevanter Informationen von der allgemeinen Zugänglichkeit und Verbreitung unterstützen (Manning 1997: 821).

Teilweise wird sogar versucht das Bestehen einer (nicht nur) informationellen Privatsphäre als unabdingbare Voraussetzung funktionierender Gemeinschaften zu identifizieren, indem die Ergebnisse empirischer Forschung anderer Disziplinen ausgewertet werden: Dabei wird zum einen auf zoologische Verhaltensforschung Rekurs genommen, welche nach der Auswertung durch Alan F. Westin zu dem Ergebnis kommt, dass so gut wie alle Tiere, die in Gruppen leben, in ihrem Verhalten Perioden von individueller Absonderung von der Gruppe an den Tag legen oder Intimität in Kleingruppen suchen (Westin 1968: 8-11). Daneben belegen ökologische Studien, dass Überbevölkerung einer Spezies in einem bestimmten Lebensraum insbesondere dann zur Bedrohung für die Existenz dieser Art wird, wenn für das einzelne Tier keine Rückzugs- bzw. Separationsmöglichkeiten mehr bestehen (Moore 2003: 220).

Des Weiteren werden ethnologische Untersuchungen ins Feld geführt, welche laut Moore zu dem Ergebnis kommen, dass der Schutz von Privatsphäre und damit individueller Informations- und Datenschutz in allen beobachteten Kulturen praktiziert werden, auch wenn sich Art und Umfang dabei von Kulturkreis zu Kulturkreis stark unterscheiden (ebd.: 221 m. w. N.; vgl. so auch schon Westin 1968: 11-19).[29]

Erklären lässt sich dies laut Barry Schwartz mit der grundsätzlichen bewahrenden Funktion dieser Praktiken für soziale Gemeinschaften: Der Mensch ist für Schwartz – in Übereinstimmung mit den kommunitaristischen Prämissen – vor allem ein soziales Wesen, dass die Gemeinschaft seiner Mitmenschen sucht und braucht (vgl. Schwartz 1968: 741f.). Ab einem gewissen Punkt der Vergesellschaftung muss es dem Einzelnen jedoch auch möglich sein sich von anderen abzugrenzen und aus der Gesellschaft zurückzuziehen, um dadurch seine komplexen sozialen Rollen und die eigene Identität innerhalb einer ausdifferenzierten Gemeinschaft zu definieren. Dadurch wird zugleich ein sozialer Status markiert und die entsprechende soziale Ordnung erhalten und stabilisiert (ebd.). Dieser Argumentation entspricht es, dass individuelle informationelle Privatbereiche in den relativ einfach strukturierten Stammesgesellschaften indigener Völker deutlich schwächer ausgeprägt und beispielsweise auf die Zeiträume der intimen Körperhygiene beschränkt sind, während in modernen Industriegesellschaften weit größere Bereiche der persönlichen Lebensgestaltung vor den Augen anderer Gesellschaftsmitglieder verborgen bleiben (vgl. Moore 2003: 221).

Soziale Beziehungen werden jedoch in allen Gesellschaftsformen durch Kontakt und Rückzug geprägt. Die Formen, welche diese sozialen Akte annehmen, sind stark ritualisiert und abhängig von der sozialen Rolle, welche die Beteiligten ausfüllen (Schwartz 1968: 742).

Sowohl das Maß eigener Rückzugsmöglichkeiten aus der Gesellschaft als auch die Möglichkeit in die individuelle Lebensgestaltung anderer Personen einzugreifen bzw. Informationen über diese zu erhalten, beruhen dabei auf dem sozialen Status einer Person bzw. spiegeln diesen wieder (ebd.: 743). So haben etwa Ärzte, Anwälte oder Priester unter Umständen sehr umfangreichen Zugang zu den personenbezogenen Informationen ihrer Patienten bzw. Klienten. Damit einher gehen aber traditionell weitreichende implizite und explizite soziale Verpflichtungen, gerade im Hinblick darauf, wie diese Personen mit den entsprechenden Informationen umzugehen haben und ob sie diese weitergeben dürfen (z. B. Arztgeheimnis, Anwaltsgeheimnis, Beichtgeheimnis). Über diese besonderen regulativen Schutzvorkehrungen heben sich damit in diesem Fall bestimmte Berufsgruppen von anderen ab. Auf der anderen Seite stehen laut Schwartz Personen mit sozial sehr niedrigem

---

29 Floridi, der diese Unterschiede ebenfalls erkennt, geht jedoch davon aus, dass sie sich in Zukunft durch den kulturübergreifenden Gebrauch derselben Informationstechnologie und den interkulturellen kommunikativen Austausch tendenziell einebnen werden (Floridi 2006: 113).

Status nur sehr eingeschränkte Möglichkeiten zur Verfügung, sich vor Eingriffen in ihre Privatsphäre zu schützen (ebd.). Er führt hierfür das historische Beispiel eines Hausklaven an, welcher keine Möglichkeit hatte, seinem Besitzer personenbezogene Informationen vorzuenthalten. Auch war der Besitzer in Zugriffs- und Nutzungsmöglichkeit nicht weiter eingeschränkt. Im Gegensatz dazu bestanden für den Sklaven sehr starke Einschränkungen, was die Verwendung und Weitergabe von personenbezogenen Informationen, die er über seinen Besitzer erwarb, anging (ebd.). Und auch heute wird etwa von Beziehern staatlicher Sozialleistungen verlangt Behörden umfassend Auskunft über ihre persönlichen Verhältnisse zu erteilen und entsprechende Nachforschungen (Bankkontenüberprüfung, Hausbesuche etc.) zu akzeptieren, während vermögende Personen hiervon nicht betroffen sind. Derartige informationsbezogene Regeln prägen die sozialen Rollen, bringen einen bestimmten sozialen Status zum Ausdruck und stabilisieren dadurch die entsprechende soziale Ordnung. Aufgrund dieser Stabilisierungsfunktion für menschliche Gemeinschaften ist eine prosperierende und dabei stabile hochentwickelte Gesellschaft völlig ohne Schutz von Privatsphäre nicht vorstellbar (Moore 2003: 223).

Soziale Gemeinschaften, in denen die Überwachung bzw. der Zugriff auf beziehungsrelevante Informationen ohne die Zustimmung der betroffenen Personen üblich ist, leiden, wie Manning feststellt, des Weiteren auch an einem Mangel an gegenseitigem Vertrauen ihrer Mitglieder (Manning 1997: 822). Es fehlt der Glaube daran, dass der andere sein jeweiliges Gegenüber respektiert und angemessen behandeln wird. Wird die informationelle Privatsphäre verletzt, führt dies zu einem Vertrauensverlust der Mitglieder einer Gemeinschaft zueinander. Für Kommunitaristen ist dieses Vertrauen jedoch Voraussetzung funktionierender und stabiler Gemeinschaften (ebd.).

Zugleich weist Schwartz jedoch darauf hin, dass sehr weitgehende informationelle Rückzugsmöglichkeiten des Einzelnen aus der Gesellschaft diesem einen entsprechend großen Freiraum eröffnen, unkontrolliert Informationen zu konsumieren, hierauf beruhend eigene (evt. subversive) Ansichten zu entwickeln und entsprechende Aktivitäten zur Veränderung der Gemeinschaften zu planen (Schwartz 1968: 744f.). Revolutionäre Umstürze aber können die Funktionsfähigkeit der Gemeinschaft bedrohen, da sich persönliche Einstellungen und Werte der anderen Gesellschaftsmitglieder vielleicht nicht so schnell anpassen können. Aus kommunitaristischer Sicht stellt dies eine ernstzunehmende Bedrohung für die persönliche Freiheit und Wohlfahrt jedes Einzelnen dar und sollte daher verhindert werden (Weber 2003: 127).

Mit dem Rollenargument lässt sich deshalb aus kommunitaristischer Perspektive die Notwendigkeit des Schutzes personenbezogener Informationen zunächst in einem Umfang begründen, welcher für die Stabilisierung der sozialen Ordnung und für den Erhalt von Vertrauen der Mitglieder der Gemeinschaft untereinander und in die Gemeinschaft selbst notwendig ist. Er ist also kulturell relativ und bezieht sich auch in modernen Gesellschaften somit zumeist nur auf beziehungsrelevante Informationen, deren Verwendung und Verbreitung zum Gelingen komplexer sozialer Relationen, wie etwa dem Arzt-Patient-Verhältnis, eingeschränkt werden muss.

Für demokratisch organisierte politische Gemeinschaften können zudem das Begrenzungs- und das demokratische Teilhabeargument aus kommunitaristischer Sicht geteilt werden, da Begrenzung von Hoheitsgewalt und Sicherung von demokratischen Teilhabechancen durch die Absicherung eines informationellen Freiraums vor hoheitlichem Zugriff notwendige Bedingungen dafür sind, dass die demokratische politische Gemeinschaft als solche funktionieren kann (s. o. 3.2, 3.5). Indem dem Einzelnen ein gewisser informationeller Freiraum vor hoheitlichem Zugriff gewährt wird, wird somit mittelbar auch der gemeinschaftliche Wert demokratischer Konfiguration der politischen Gemeinschaft geschützt (Regan 1995: 225-227).

## 4.3 Kommunitaristische Anforderungen an den rechtlichen Schutz personenbezogener Informationen

Das sich hieraus ergebende kommunitaristische Anforderungsprofil an die rechtliche Behandlung personenbezogener Informationen weist dementsprechend auf den ersten Blick deutliche Unterschiede zu den bisher dargestellten Konzepten auf. So ist der Zugriff auf personenbezogene Informationen zu gemeinschaftsbezogenen Zwecken durch Gemeinschaften wie Staaten, Unternehmen oder innerhalb der Familie etc. zunächst grundsätzlich zu gestatten, sofern ein gemeinschaftliches Gut ansonsten tatsächlich bedroht ist (Etzioni 1999: 12). Dieses Allgemeingut kann wiederum auch individualschützend wirken, wie es etwa die öffentliche Sicherheit tut, die mittelbar die Individualgüter des Einzelnen (Leib, Leben, Eigentum etc.) schützt. Des Weiteren muss der informationelle Eingriff so sensitiv wie möglich durchgeführt werden und für die Betroffenen müssen negative Nebeneffekte möglichst vermieden werden (ebd.: 13). Rechtliche Absicherungen dieser Voraussetzungen sind nur notwendig, wenn in der Praxis hiergegen offensichtlich verstoßen wird (ebd.: 185).

Ein Allgemeingut mit mittelbar individualschützender Wirkung kann etwa auch die demokratische Konfiguration einer politischen Gemeinschaft sein, die den Schutz von politisch relevanten Informationen vor hoheitlichem Zugriff einfordert (Regan 1995: 234).

Insbesondere ist aber eine rechtliche Sicherung der Kontrolle des Einzelnen über den Zugang zu seinen Informationen erforderlich, soweit dies Bedingung für das Gelingen seiner sozialen Beziehungen und in der Praxis ansonsten offensichtlich nicht gewährleistet ist. Dann ist die Zugänglichkeit dieser Informationen rechtlich zu beschränken.[30] Eine solche Situation ist etwa in einem Staat gegeben, der enge Verwandte oder Ehepartner dazu zwingt in Strafverfahren gegeneinander auszusagen. Dies fördert zwar auf der einen Seite den gemeinschaftlichen Zweck der Strafverfolgung. Es ist allerdings kaum vorstellbar, dass nach einer solchen Aussage der Familienfrieden nicht ernsthaft gefährdet wäre. Aus kommunitaristischer Sicht muss daher ein entsprechendes Zeugnisverweigerungsrecht rechtlich gewährleistet sein (vgl. § 51 I StPO).

**Tab. 3: Kommunitaristische Anforderungen an den rechtlichen Schutz personenbezogener Informationen**

| Grundsatz | grds. Zulässigkeit des Zugriffs auf personenbezogene Daten zu gemeinschaftlichen Zwecken<br>informationelle Kontrollmöglichkeit für den Einzelnen als "soziale Lizenz" (Etzioni 1999: 196) |
|---|---|
| Adressaten | - Gemeinschaften: Staat, Unternehmen, Gemeinde, Familie |
| Ausnahmen | - informationeller Eingriff ist offensichtlich intensiver als zur Zweckerreichung erforderlich<br>- Eingriff hat zu starke Nebeneffekte<br>- Verkennung gemeinschaftlicher Werte/Allgemeingüter (können auch individualschützend wirken)<br>- Schutz der sozialen Integration |
| besonderer Schutz | - politisch relevante Informationen (in Demokratien)<br>- beziehungsrelevante Informationen |

Quelle: eigene Darstellung

Es zeigt sich, dass im Ergebnis auch einzelne datenschutzrechtliche Vorschriften denkbar sind, die sowohl liberalen, libertären als auch kommunitaristischen Anforderungen gerecht werden, indem sie einen angemessenen Ausgleich zwischen den betroffenen Individual- und Kollektivpositionen herstellen.[31] Die bisher entwickelten Anforderungsprofile stehen trotz unterschiedlicher theoretischer Fundierung somit nicht von vornherein in einem unauflöslichen Widerspruch.[32]

---

30 Hierbei sind jedoch die sozialen, historischen und kulturellen Besonderheiten in den jeweiligen Gemeinschaften zu beachten (Etzioni 1999: 200).
31 Regan ist der Meinung, dass gerade die fehlenden Begründungen der Notwendigkeit von *privacy*-Schutz und damit auch Datenschutz aufgrund gemeinschaftlicher Interessen der Grund für die zu geringe Bedeutung von Datenschutz in den politischen Diskursen und Gesetzgebungsvorhaben in den USA ist (Regan 1995: 212, 231). Da *privacy* immer nur als liberales Individualrecht verstanden wird, kommt es ihrer Ansicht nach regelmäßig dazu, dass in Konfliktfällen in den USA öffentlichen Interessen (wie Strafverfolgung etc.) der Vorzug hiervor eingeräumt wird (ebd.).
32 Dafür, dass liberale und kommunitaristische Theorien trotz unterschiedlicher Prämissen im Ergebnis ganz ähnliche Anforderungen an die politische Praxis bzw. eine rechtliche Regulierung stellen können, führt Sandel einige weitere Beispiele an (Sandel 1984: 6).

# 5. Sphärentheorie des Datenschutzrechts

In die bisher dargestellte Einteilung in liberale und libertäre sowie kommunitaristische Ansätze lässt sich der nun darzustellende Ansatz der Sphärentheorie, die auf Michael Walzer zurückgeht, nicht nahtlos einfügen. Im Gegensatz zur festen Fundierung in Prämissen, wie der Selbstständigkeit des Individuums auf der einen oder der sozialen Einbettung des Menschen auf der anderen Seite und der Ableitung entsprechender Schlussfolgerungen für die soziale Wirklichkeit bzw. von Kritikpunkten an ihr und den anderen theoretischen Konzepten, nimmt Walzer zunächst eine analysierende Position ein, aus der heraus er die bisherige Entwicklung der normativen politischen Theorie insbesondere zur Frage distributiver Gerechtigkeit kritisch beleuchtet und hinterfragt (Reese-Schäfer 2001: 85-89). Die Pluralität möglicher Antworten auf die Verteilungsfrage versucht er anschließend in seinen hierauf beruhenden eigenen Überlegungen abzubilden (5.1; Reese-Schäfer 2001: 85-89).[33] Dies wirkt sich auch auf die hieran anknüpfenden Konzepte von Jeroen von den Hoven (5.2) und Helen Nissenbaum (5.3) zur Frage des Umgangs mit personenbezogenen Informationen und die Vorgaben des hieraus ableitbaren Anforderungsprofils für ein Datenschutzrecht (5.4) aus.

## 5.1 Michael Walzers Sphärentheorie der Gerechtigkeit

Michael Walzer konzipiert in "Spheres of Justice" (Walzer 1983) ebenfalls in Auseinandersetzung mit Rawls ein Modell "komplexer Gleichheit" (ebd.: 3) zur Lösung des Problems distributiver Gerechtigkeit.[34] Dabei geht Walzer davon aus, dass in einer Gesellschaft verschiedene Sphären existieren, innerhalb derer jeweils ein soziales Gut verteilt wird, welches somit eine gesellschaftliche Sphäre als solche definiert. Die Festlegung der zu verteilenden sozialen Güter bleibt den Mitgliedern der Gesellschaft überlassen (Nagenborg 2008: 4.). Es gibt für Walzer also keine natürliche Definition dieser Güter (van den Hoven/Vermaas 2007: 287). Soziale Güter können so unterschiedliche Dinge wie Reichtum, politische Ämter, Bildung, Gesundheit, Rohstoffe, Sicherheit oder Arbeit sein (Nissenbaum 2004: 141). Von Sphäre zu Sphäre und damit von Gut zu Gut unterscheiden sich die Gründe der

---

33 Das von Walzer entwickelte Sphärenkonzept ist daher, wie Karsten Weber, der Walzer als Vertreter des Kommunitarismus sieht (Weber 2001: 114), feststellt, auch von einem liberalen Standpunkt aus akzeptabel (ebd.: 299).

34 Michael Nagenborg spricht daher statt von komplexer Gleichheit von "komplexer (Verteilungs-)Gerechtigkeit" (Nagenborg 2008: 3, FN 9), da eine Gesellschaft, in der komplexe Gleichheit im Sinne Walzers besteht, für diesen auch eine gerechte Gesellschaft sei (ebd.).

Verteilung, die Verteilungsverfahren bzw. -kriterien und nicht zuletzt diejenigen, welche die Verteilung vornehmen (Walzer 1983: 6-10).

Walzer fordert für jedes Gut angemessene Verteilungsprinzipien und plädiert dafür die Verteilung eines Gutes möglichst unabhängig von der Verteilung der anderen Güter zu organisieren. Nur unter diesen Voraussetzungen könne man von einer gerechten Verteilung sprechen (ebd.: 18f.). So kann in der bildungsbezogenen Sphäre der Zugang zum dort verteilten Gut Bildung beispielsweise von geistigen Fähigkeiten abhängig sein, während es auf dem Markt für Rohstoffe im Wesentlichen auf Präferenzen und die Bereitschaft und Fähigkeit den entsprechenden Preis zu zahlen ankommt (Nissenbaum 2004: 141). Auch ist bei Walzer der Tausch bestimmter Güter ausgeschlossen, wenn dabei die Grenzen der Verteilungssphären nicht beachtet werden (Weber 2003: 231). Dies gilt insbesondere, wenn eines der sozialen Güter zu einem sog. 'dominanten' Gut wird (Nagenborg 2008: 3). In diesem Fall besteht die Gefahr, dass das dominante Gut in einer anderen gesellschaftlichen Sphäre eingesetzt wird und das dortige Gut ersetzt. Ein Beispiel hierfür liegt laut Jeroen van den Hoven vor, wenn es möglich ist mit Geld (wirtschaftliche Sphäre) bei Wahlen Stimmen zu kaufen (politische Sphäre) (van den Hoven 1997: 35).

Komplexe Gleichheit bzw. komplexe (Verteilungs-)Gerechtigkeit ist bei Walzer also zusammenfassend gegeben, wenn soziale Güter in verschiedenen gesellschaftlichen Sphären nach spezifischen Distributionsprinzipien an die Mitglieder der Gesellschaft verteilt werden und diese Sphären unabhängig voneinander sind, was auch heißt, dass der Tausch von Gütern über die Grenzen der Sphären hinweg vermieden wird (Krebs 2007: 703-707). Dies führt zu unterschiedlichen Verteilungsergebnissen von Gütern für unterschiedliche Personen in den unterschiedlichen Sphären (Walzer 1983: 320).

Dieses Konzept komplexer Gleichheit bietet den Vorteil hieran anknüpfend eine neuartige, im Ergebnis von den bisher dargestellten Ansätzen abweichende Begründung und ein entsprechendes Anforderungsprofil für den rechtlichen Schutz personenbezogener Informationen entwickeln zu können.

## 5.2 Jeroen van den Hovens Konzept der informationellen Ungerechtigkeit

Von Jeroen van den Hoven stammt die Idee eine Verletzung begründeter Ansprüche des Einzelnen in Bezug auf seine personenbezogenen Informationen als informationelle Ungerechtigkeit im Sinne Walzers zu verstehen (van den Hoven 1997: 35). Er bezieht sich dabei auf die Unterscheidung relativ autonomer sozialer Sphären und knüpft hieran die Forderung, dass der Zugriff und die Verwendung von Informationen auf eine bestimmte Sphäre begrenzt sein sollen (ebd.: 35f.; vgl. Nagenborg 2008: 4). Wird die Trennung der gesellschaftlichen Sphären beim Umgang mit Informationen nicht beachtet, werden also Informationen aus einer Sphäre in eine andere übertragen und dort verwendet, ist dies nach van den Hoven informationell ungerecht (van den Hoven/Vermaas 2007: 288).

Vor dem Hintergrund dieser Idee muss man sich jedoch fragen, ob nicht Informationen selbst ein soziales Gut im Sinne Walzers darstellen? Bei Walzer findet sich kein Beleg dafür, dass er Informationen als ein soziales Gut versteht. Michael Nagenborg hält es allerdings für nahe liegend hiervon in modernen Gesellschaften, welche oftmals sogar als 'Informationsgesellschaften' bezeichnet werden, auszugehen (Nagenborg 2008: 8). Jedoch würde dies dazu führen, dass eine eigene informationelle Sphäre definiert werden müsste, in der Informationen separat von anderen Sphären verteilt werden. Hierdurch würde aber das entscheidende Kriterium zur Bewertung von informationellen Vorgängen als gerecht oder ungerecht entfallen. Es könne, so Nagenborg, schließlich bei informationellen Vorgängen dann keine Grenzverletzung durch den Übergang von einer in die andere gesellschaftliche Sphäre mehr geben (ebd.). Daher beruhe van den Hovens Konzeption darauf, dass Informationen keine sozialen Güter, sondern mit den spezifischen gesellschaftlichen Sphären jeweils verknüpft sind. Die Art dieser Verbindung werde allerdings nicht näher beleuchtet (ebd.: 9).

Bei diesen Überlegungen übersieht Nagenborg jedoch, dass Informationen schon deshalb kein eigenständiges soziales Gut im Sinne Walzers sein können, weil Information zunächst eine inhaltlich unbestimmte Grundgröße wie Materie oder Energie ist, welche erst durch den Bezug zu einem Sachverhalt mit entsprechenden Gehalten bzw. Bedeutungen aufgeladen wird (s. o. 2.1). Eine unabhängige Verteilung von purer, inhaltlich nicht näher bestimmter Information in einer autonomen gesellschaftlichen Sphäre wäre daher (buchstäblich) sinnlos.

### 5.3 Helen Nissenbaums Konzept der kontextuellen Integrität

Helen Nissenbaum erweitert den gerade skizzierten Ansatz um einen Argumentationsstrang, indem sie unter Bezugnahme auf van den Hoven ausführt, dass eine Information deshalb nicht von einer in eine andere gesellschaftliche Sphäre gelangen darf, weil in jeder Sphäre andere Normen, welche die Zugänglichkeit und Verwendung von Information regeln, gelten (Nagenborg 2008: 4). Laut Nissenbaum gibt es keinen Bereich des Lebens, für den keine Normen, welche die Verbreitung der zu diesem Lebensbereich gehörenden bzw. in diesem Lebensbereich angesiedelten Informationen regeln, existieren. Es gibt also keine Sphäre, in der in Bezug auf Informationen einfach alles erlaubt ist (Nissenbaum 2004: 137, 139). Der Begriff 'Norm' hat bei Nissenbaum einen sehr weiten Anwendungsbereich, er umfasst formelle und informelle, explizite und implizite, soziale, rechtliche und kulturelle Regeln, Konventionen und gegenseitige Erwartungen (ebd.: 138; Nissenbaum 2010: 133, 137-140). Die übliche Einteilung in öffentliche, private und intime Sphäre der Lebensgestaltung greift laut Nissenbaum zu kurz, da sich das Leben des modernen Menschen in einer Vielzahl, sich teilweise überschneidender Bereiche bzw. Kontexte abspielt. Deren Grenzen werden zudem laufend überschritten, indem man sich beispielsweise innerhalb der eigenen vier Wände im Kreis der Familie aufhält, arbeiten geht, Freunde besucht, seinen Arzt, Anwalt oder Therapeuten konsultiert oder an einem Gottesdienst teilnimmt (Nissenbaum 2004: 137). In all diesen Kontexten unterscheiden sich die Normen für den Umgang mit den entsprechenden personenbezogenen Informationen voneinander. Die Einteilung in 'intime', 'private' und 'öffentliche' Sphäre wird dieser Komplexität nicht gerecht (ebd.; Nissenbaum 2010: 89-126).

Inhalt von informationellen Normen ist laut Nissenbaum die Beschreibung der Art von personenbezogenen Informationen, welche in einem bestimmten Kontext von ihren Trägern preisgegeben werden dürfen, können oder sogar müssen, um den entsprechenden kontextbezogenen Anforderungen gerecht zu werden, etwa Informationen über die eigenen Finanzen im Gespräch mit einer kreditgebenden Bank (Nissenbaum 2004: 138; Nissenbaum 2010: 140-147). Die Zugänglichkeit dieser Information in diesem Kontext ist angemessen und damit für Nissenbaum auch zulässig. Genauso entscheidend ist aber, bei welchen Informationen in den entsprechenden Kontexten die Preisgabe als unangemessen angesehen wird, wie etwa die Mitteilung der eigenen Weltanschauung oder des Glaubens an den Arbeitgeber (Nissenbaum 2004: 138). Preisgabe von und Zugriff auf personenbezogene Informationen sind für Nissenbaum im Ergebnis also grundsätzlich nur zulässig, wenn die kontextbezogenen Normen berücksichtigt werden.

Darüber hinaus umfassen diese Normen auch Regeln dafür, wann die Weitergabe der in einer gesellschaftlichen Sphäre verhafteten Informationen gestattet ist (ebd.: 140). So sollen beispielsweise Informationen aus dem familiären Umfeld oder Freundeskreis meist nicht oder nur eingeschränkt weitergegeben werden (ebd.: 141; Nissenbaum 2010: 145-147).

Die informationellen Regeln sind eng mit dem entsprechenden Kontext verbunden, sie sind somit nicht universell anwendbar bzw. auf andere Kontexte übertragbar (Nissenbaum 2004: 143). Die Inhalte der spezifischen Regeln können durch Analyse der entsprechenden Kontexte im Hinblick auf die dort etablierten normativen Vorgaben bestimmt werden. Diese Regeln sollen als rational und verbindlich angesehen werden, da sie sich im Laufe von Jahrhunderten verfestigt haben und wichtigen sozialen, kulturellen oder persönlichen Zwecken dienen, solange keine guten Gründe dafür sprechen, sie zu verändern (ebd.: 145f.; vgl. hierzu näher unter

5.4). Nissenbaums Konzept ist damit grundsätzlich konservativ ausgerichtet (Nissenbaum 2010: 162-165).

Die kontextuellen Regeln in Bezug auf den individuellen Datenschutz können dementsprechend inhaltlich zwischen verschiedenen Orten, Zeiten oder Kulturen erheblich variieren (Nissenbaum 2004: 156; Nissenbaum 2010: 15). Diese inhaltliche Offenheit hält Nissenbaum jedoch für einen Vorteil ihres Ansatzes (Nissenbaum 2004: 156).

## 5.4 Anforderungen an den rechtlichen Schutz personenbezogener Informationen nach der Sphärentheorie

Die sich aus dem sphärentheoretischen Ansatz ergebenden Anforderungen an die rechtliche Behandlung personenbezogener Informationen sind damit im Ergebnis weit weniger konkret, als bei den zuvor dargestellten Ansätzen. So muss eine Normierung, die der Sphärentheorie gerecht werden will, die Differenzierung unterschiedlicher informationeller Kontexte in der sozialen Praxis abbilden (Nissenbaum 2010: 237f.). Das Datenschutzrecht im Arbeitsumfeld muss folglich anders ausgestaltet sein als das Recht zum Schutz medizinischer personenbezogener Informationen. Zudem darf eine einmal ausdifferenzierte Normierung nicht ohne weiteres auf andere Anwendungsbereiche übertragen werden.

Des Weiteren darf das Recht den sonstigen impliziten und expliziten, kulturellen oder sozialen Normen, welche die Zugänglichkeit von personenbezogenen Informationen in einem bestimmten Kontext regeln, nicht widersprechen. Ein Gesetz, das katholische Priester zur Veröffentlichung von Beichten verpflichtet, wäre vor diesem Hintergrund nicht zu rechtfertigen.

Zuletzt lässt sich im Anschluss hieran als einzige weitere inhaltliche Vorgabe festhalten, dass das Recht den Zugriff auf kontextspezifische personenbezogene Informationen von außen – also über die Grenzen der entsprechenden gesellschaftlichen Sphäre im Sinne Walzers hinweg – grundsätzlich verbieten muss und auch die Übertragung aus dem Kontext heraus nicht gestatten kann, wenn dies nicht von vornherein bereits von den sonstigen informationellen Normen des entsprechenden Kontextes gestattet wird.

Allerdings geht speziell Nissenbaum davon aus, dass durchaus neue Informationstechnologien und damit verbundene soziale Praktiken entwickelt werden können, die zwar im Grunde die Regeln der kontextuellen Integrität verletzen, dabei aber kontextbezogene bzw. soziale Werte – wie Gesundheitsfürsorge im informationellen Kontext des Gesundheitswesens oder individuelle Ausbildungsförderung im Bildungskontext – so stark fördern, dass die Verletzungen hinzunehmen sind und die kontextuellen Regeln angepasst werden sollten (ebd.: 3, 165-181). Auch ist vorstellbar, dass aufgrund von sozialen Umwälzungen wie Kriegen, Revolutionen oder Hungersnöten die Zielwerte ganzer Kontexte neu definiert werden. In diesen Fällen verändern sich auch die informationellen Normen dementsprechend radikal (ebd.: 180f.). Das sphärentheoretische Konzept ist unter diesem Vorbehalt somit durchaus innovationsoffen und kann sich an neue technologische und soziale Entwicklungen anpassen.[35]

Weitere konkrete Anforderungen an den Inhalt eines Datenschutzrechts lassen sich aus den sphärentheoretischen Argumentationen allerdings nicht ableiten. Die Vorgaben bleiben damit aufgrund der inhaltlichen Offenheit des Konzepts relativ unbestimmt (Nissenbaum 2004: 156; Nissenbaum 2010: 236). Im Vergleich zu den zuvor vorgestellten Anforderungsprofilen sind die Anforderungen der Sphärentheorie damit eher auf einer Metaebene zu verorten.[36]

**Tab. 4: Anforderungen an den rechtlichen Schutz personenbezogener Informationen nach der Sphärentheorie**

| Grundsatz | Definition unterschiedlicher informationeller Kontexte<br>→ Recht muss kontextspezifisch sein |
|---|---|
| Inhalt | - keine Anwendung kontextspezifischer Normen in anderen Zusammenhängen<br>- kein Widerspruch zu sonstigen impliziten und expliziten, kulturellen oder sozialen informationellen Normen<br>- grds. kein Zugriff auf kontextspezifische personenbezogene Informationen von außen<br>- grds. keine Übertragung von kontextspezifischen personenbezogenen Informationen nach außen |

Quelle: eigene Darstellung

---

[35] Regulative Entscheidungen zur Sicherung moralischer Rechte durch rechtliche Normen in neuen Konfliktfällen und Verfahren werden nach Aussage Nissenbaums zudem erst dann erforderlich, wenn die sphärentheoretischen Grundsätze dabei von Einzelpersonen, Vereinigungen oder auch dem Staat aus selbstbezogenen Interessen systematisch missachtet werden (Nissenbaum 2010: 236). Dabei setzt Nissenbaum ausdrücklich voraus, dass die rechtlichen Normierungen in einem liberal-demokratisch verfassten Staat erlassen werden (ebd.).

[36] Nissenbaum möchte daher ihr Konzept der kontextuellen Integrität zugleich als Werkzeug der Analyse neuer informationstechnischer Entwicklungen einsetzen, um die gesellschaftlichen Reaktionen und Diskurse bzw. die betroffenen Interessenpositionen besser verstehen zu können (Nissenbaum 2010: 10, 190). Die Bewertung problematischer Fälle des Umgangs mit personenbezogenen Informationen erfolgt dann bei ihr auch unter Rekurs auf liberale und kommunitaristische Kriterien wie der Bedrohung von Gerechtigkeit, Gleichheit, gesellschaftlicher Stabilität oder Demokratie etc. (ebd.: 182).

# 6. Analyse des europäischen Datenschutzrechts

Im Folgenden wird nun das europäische Datenschutzrecht daraufhin untersucht, welche der dargestellten normativ-theoretischen Begründungsmuster bzw. daraus ableitbaren Anforderungen sich in den entsprechenden rechtlichen Normierungen wiederfinden.[37] Dazu werden nach einem Überblick über die Kompetenzen der EU in Bezug auf den Datenschutz (6.1) und die entsprechenden europäischen Rechtsakte (6.2) die sekundärrechtlichen Datenschutznormen und der jüngste Reformvorschlag der EU-Kommission chronologisch geordnet dargestellt und analysiert (6.3-6.10), bevor die Ergebnisse der Analyse zusammengefasst werden (6.11).

## 6.1 Die Kompetenz der Europäischen Union im Datenschutzrecht

Aufgrund der Kompetenzverteilung zwischen der EU und den Mitgliedsstaaten ist für die rechtliche Normierung der Grundzüge des Schutzes personenbezogener Informationen die Union zuständig, insbesondere wenn ein Bezug zur Wirtschaft besteht. Es verbleiben aber auch Bereiche, in denen nur die Mitgliedsstaaten aktiv werden dürfen, denn "Datenschutzrecht ist ein typisches Beispiel einer Querschnittsaufgabe, die keiner einheitlichen Gesetzgebungskompetenz unterliegt" (Durner 2006: 214). Die Zuständigkeit der EU ergibt sich damit oftmals als sog. 'Annexkompetenz' zu Sachgebieten, in denen datenschutzrechtliche Fragen auftauchen und für welche die EU eine ihr durch die Verträge übertragene Kompetenz hat.

Da für die Entwicklung des gemeinsamen Binnenmarkts der EU, dessen Verwirklichung eines der wichtigste Ziele des europäischen Integrationsprozesses ist (vgl. Art. 1 III EUV[38]), Informations- bzw. Datenverarbeitung mittlerweile eine

---

37 Da die Fragestellung nur auf die Entwicklung des europäischen Datenschutzrechts abstellt, bleiben Akte ohne regulative Wirkung bzw. ohne regulativen Anspruch (Stellungnahmen, Empfehlungen etc.) außer Betracht. Aus gleichem Grund ebenfalls nicht untersucht werden die zu europäischen Normen oftmals ergehenden Erwägungsgründe, welche gemäß Nr. 10 des Leitfadens des Europäischen Parlaments, des Rates und der Kommission dazu dienen, "die wichtigsten Bestimmungen des verfügenden Teils in knapper Form zu begründen, ohne deren Wortlaut wiederzugeben oder zu paraphrasieren. Sie dürfen keine Bestimmungen mit normativem Gehalt und auch keine politischen Willensbekundungen enthalten" (EP/Rat/Europäische Kommission 2008: Nr. 10).

38 Am 1.12.2009 ist der sog. 'Vertrag von Lissabon' in Kraft getreten. Die bisherige Aufteilung in die drei Säulen der Europäischen Gemeinschaften bzw. der polizeilichen und justiziellen Zusammenarbeit in Strafsachen unter dem Dach der Europäischen Union wurde dahingehend reformiert, dass nun die Europäische Union als Rechtsnachfolgerin der früheren EG tätig wird (Art. 1 III 3 EU). Das bisher ergangene EG-Recht (='Gemeinschaftsrecht') bleibt wirksam. Im Folgenden wird daher weiterhin, sofern es sich um als EG-Recht ergangene Normierungen han-

immense Bedeutung gewonnen hat, entstand bereits ab Beginn der 1970er Jahre ein stetig wachsender gemeinschaftsrechtlicher Normierungsdruck, die unterschiedlichen nationalstaatlichen Datenschutzvorschriften zu harmonisieren.[39] Die Datenschutzvorschriften und -systeme in den Mitgliedsstaaten der EU divergierten zu diesem Zeitpunkt beträchtlich. Dies beeinträchtigte den innergemeinschaftlichen Handel, da der hierzu notwendige Datenverkehr über die Grenzen der Mitgliedsstaaten hinweg hierdurch erschwert wurde (Zilkens 2007: 196). Die EU ist daher nach einer längeren Anlaufphase ab Anfang der 1990er Jahre – damals noch durch die EG – intensiv tätig geworden: Sie hat, neben der ausdrücklichen Verankerung eines Datenschutzgrundrechts in den grundlegenden Verträgen (vgl. Art. 8 GRC), auch auf sekundärrechtlicher Ebene Verordnungen und Richtlinien zum Datenschutz erlassen,[40] welche vorrangig dem Ziel einer Angleichung des Datenschutzrechts der Mitgliedsstaaten zur Erleichterung des Wirtschaftsverkehrs auf dem gemeinsamen Binnenmarkt dienen sollten (Zilkens 2007: 196-199). Die Wirtschaftsteilnehmer sollen nicht jeweils ein unterschiedliches Schutzniveau beachten müssen. Das Datenschutzrecht, das in der Bundesrepublik zur Anwendung kommt, wird im Zuge der sich stetig vertiefenden europarechtlichen Integration Deutschlands also nicht zuletzt vom Gemeinschaftsrecht bzw. Unionsrecht geprägt.

Dabei scheinen sich die Regelungsinhalte und -konzepte seit der ersten Datenschutzrichtlinie von 1995 auf den ersten Blick erheblich verändert zu haben.

War bei der ersten Richtlinie nach den erläuternden Äußerungen des Normgebers noch eine wirtschaftsfreundliche und wachstumsfördernde Regulierung Ziel

---

delt, von 'Gemeinschaftsrecht' gesprochen. Sofern es durch die Reform zu Änderungen z. B. in den Normsetzungsverfahren gekommen ist, wird hierauf an entsprechender Stelle hingewiesen.

39 Die ersten Aktivitäten auf europäischer Ebene noch ohne Regelungscharakter waren etwa die *Entschließung des Rates über eine gemeinschaftliche Politik auf dem Gebiet der Datenverarbeitung* vom 15.7.1974, ABl. Nr. C 086, S. 1 sowie die *Entschließung des Rates zum Schutz der Rechte des Einzelnen angesichts der fortschreitenden technischen Entwicklung auf dem Gebiet der Datenverarbeitung* vom 8.4.1976, ABl. Nr. C 100, S. 27.

40 Den EU-Organen stehen gemäß Art. 288 AEU grundsätzlich die fünf Handlungs- bzw. Regulierungsinstrumente der Verordnung, Richtlinie, des Beschlusses, der Empfehlung und der Stellungnahme zur Verfügung. Von Relevanz sind im Rahmen der vorliegenden Arbeit vor allem Verordnung und Richtlinie. Die Verordnung hat gemäß Art. 288 II AEU allgemeine Wirkung, d. h. dass sie für eine unbestimmte Vielzahl von Personen und Anzahl von Fällen getroffen wird. Sie ist in allen Teilen verbindlich und gilt unmittelbar in jedem Mitgliedsstaat, entfaltet also Rechtswirkung nicht nur für den Mitgliedsstaat, sondern direkt für jedes Rechtssubjekt (juristische und natürliche Personen) in der Gemeinschaft. Ein Umsetzungsakt ist daher nicht erforderlich (Streinz 2008: RN 427-432). Eine Richtlinie hingegen ist gemäß Art. 288 III AEU nur hinsichtlich ihrer Ziele für die Mitgliedsstaaten verbindlich. Sie überlässt also den innerstaatlichen Stellen die Wahl der Form und der Mittel, mit denen diese Ziele erreicht werden sollen (ebd.: RN 433). Eine Richtlinie bedarf deshalb eines Umsetzungsaktes in das nationale Recht und bindet grundsätzlich zunächst nur die Mitgliedsstaaten. Die Unionsbürger werden durch sie im Umkehrschluss folglich grundsätzlich weder berechtigt noch verpflichtet (Arndt/Fischer 2008: 76-78; vgl. zu den datenschutzrechtlichen Regelungen im Einzelnen näher unter 6.2).

der Vereinheitlichung (vgl. Erwägungsgrund 1, 3, 5 RL 95/46/EG), so ist die jüngste Normierung in der sog. 'e-Privacy'-Richtlinie laut Stellungnahme der Europäischen Kommission insbesondere zur "Stärkung und Verbesserung des Verbraucherschutzes" (EU Kommission 2007: 1.1) und zum effektiven Schutz der "Privatsphäre und personenbezogenen Daten der Bürger" (ebd.: 1.2) ergangen.

### 6.2 Die Rechtsquellen des europäischen Datenschutzrechts im Überblick

Rechtsquellen zum Datenschutz in Europa finden sich bereits auf primärrechtlicher, d. h. rechtshierarchisch höchster Ebene. Grundlegend hierfür ist zunächst die Europäische Menschenrechtskonvention (EMRK), die im Rahmen des Europarates 1950 verabschiedet und seitdem mehrfach durch Zusatzprotokolle erweitert wurde. Sie gewährleistet dem Bürger unter anderem "das Recht auf Achtung des Privat- und Familienlebens" (Art 8 EMRK). Dies umfasst nach ständiger Rechtsprechung des Europäischen Menschengerichtshofs (EGMR) auch ein Recht des Bürgers auf Schutz seiner personenbezogenen Informationen (Britz 2008: 11). Über die Inkorporationsnorm des Art. 6 III EUV verpflichtete sich auch die EU zur Gewährleistung dieses Rechts. Zudem enthält Art. 8 der Charta der Grundrechte der EU (GRC), die über Art. 6 I EUV am 1.12.2009 für die Mitgliedsstaaten verbindlich geworden ist, ein explizites Datenschutzgrundrecht (vgl. dazu näher unter 6.8).

Art. 16 AEU regelt den Datenschutz auf der Ebene des europäischen Primärvertragsrechts. Dort wird nochmals das subjektive Recht jeder Person auf Datenschutz festgeschrieben (Art. 16 I AEU) und zugleich der Union ein Auftrag zur weitergehenden Normierung des Datenschutzes erteilt (Art. 16 II AEU).

Elementare Kernbestandteile der sekundären europarechtlichen Vorschriften zum Datenschutz sind zum einen die Datenschutzrichtlinie RL 95/46/EG und zum anderen die Datenschutzrichtlinie für elektronische Kommunikation RL 2002/58/EG.[41] Diese ersetzt die ehemalige Richtlinie Datenschutz im Bereich der Telekommunikation RL 97/66/EG. Daneben sind weitere Richtlinien mit Datenschutzbezug erlassen worden wie die Richtlinie zur Vorratsdatenspeicherung RL 2006/24/EG und die EG-Verordnung VO Nr. 45/2001, die den Schutz natürlicher Personen bei der Verarbeitung personenbezogener Daten durch die Organe und Einrichtungen der

---

41 Die vielen Annexregelungen mit datenschutzrechtlichem Bezug, die in den jeweiligen europäischen Sekundärrechtsakten zu Spezialthemen getroffen werden, werden im Rahmen der vorliegenden Arbeit aus Platzgründen nicht analysiert. Beispielhaft sei hier die datenschutzrechtliche Auswirkung der Richtlinie über Zahlungsdienste und Verbraucherkreditverträge RL 2008/48/EG erwähnt, die in der Umsetzung zu einer Änderung des § 29 BDSG im Hinblick auf die Informationspflichten beim Abschluss eines Verbraucherdarlehensvertrages geführt hat. Die Auswahl der untersuchten Rechtsakte erfolgt nach der vom Normgeber (u. a. durch die Bezeichnung der Norm) artikulierten Relevanz der Norm für den Datenschutz.

EU betrifft, sowie zuletzt die Reformrichtlinien im Rahmen des sog. Telekom-Pakets.[42] Hier hat vor allem die sog. 'e-Privacy'-Richtlinie 2009/136/EG datenschutzrelevante Inhalte.

Zu Beginn des Jahres 2012 hat die EU-Kommission schließlich den Entwurf für eine grundlegende Reform des europäischen Datenschutzrechts vorgelegt, der sich aus einer Grundverordnung zum Datenschutz und einer Richtlinie für die Datenverarbeitung im Rahmen von Kriminalitätsprävention und Strafverfolgung zusammensetzt (vgl. dazu näher unter 6.10).

Im Folgenden werden die Inhalte dieser sekundärrechtlichen Normen des europäischen Datenschutzes sowie das europäische Datenschutzgrundrecht und der Kommissionsentwurf chronologisch geordnet dargestellt und im Hinblick darauf analysiert, ob und wenn ja, welche Argumentationsfiguren bzw. Anforderungsprofile der dargestellten normativ-theoretischen Ansätze sich darin wiederfinden.[43] Die Vorschriften in der ersten Datenschutzrichtlinie RL 95/46/EG lassen sich dabei nach vier unterschiedlichen Dimensionen bzw. Aspekten der rechtlichen Behandlung personenbezogener Daten kategorisieren (vgl. dazu näher unter 6.3.2). Diese Einteilung dient im Folgenden als Raster für die weitere Analyse.

## 6.3 Der Ausgangs- und Bezugspunkt: Die Datenschutzrichtlinie RL 95/46/EG

Kern und Ausgangspunkt der europäischen Sekundärrechtsakte zum Datenschutz ist die Richtlinie RL 95/46/EG (DSRL).[44] Das hier verwirklichte Regelungskonzept

---

42 Siehe 6.6. Die sog. 'e-Commerce'-Richtlinie 2000/31/EG wird im Rahmen der vorliegenden Arbeit nicht betrachtet, da der Normgeber mit ihr ausweislich des Erwägungsgrundes 14. keine datenschutzrelevanten Regelungen treffen wollte: "Der Schutz natürlicher Personen bei der Verarbeitung personenbezogener Daten ist ausschließlich Gegenstand der Richtlinie 95/46/EG [...] und der Richtlinie 97/66/EG [...], beide Richtlinien sind uneingeschränkt auf die Dienste der Informationsgesellschaft anwendbar. Jene Richtlinien begründen bereits einen gemeinschaftsrechtlichen Rahmen für den Bereich personenbezogener Daten, so dass diese Frage in der vorliegenden Richtlinie nicht geregelt werden muss, um das reibungslose Funktionieren des Binnenmarkts und insbesondere den freien Fluss personenbezogener Daten zwischen den Mitgliedstaaten zu gewährleisten." *(Richtlinie 2000/31/EG - E-Commerce.* Abrufbar unter: <http://eur-lex.europa.eu/LexUriServ/LexUriServ.do?uri=CELEX:32000L0031:DE:HTML> Zuletzt abgerufen am 1.8.2012).
43 Dabei kommen die Methoden juristischer Auslegung von rechtlichen Normen zur Anwendung. Dies sind die grammatische (nach dem Wortlaut), die teleologische (nach dem Normzweck), die systematische (nach dem regulativen Kontext) und die historische Methode (nach dem Willen des Normgebers) (vgl. Zippelius 2006: 42-86).
44 Vor Erlass der Richtlinie gab es zwar erste Ansätze eines europäischen Datenschutzrechts, aber keine umfassende Normierung (s. o. FN 39; vgl. Siemen 2006: 213-230). Die *Richtlinie 95/46/EG - Datenschutzrichtlinie* (DSRL) ist abrufbar unter:
<http://eur-lex.europa.eu/LexUriServ/LexUriServ.do?uri=CELEX:31995L0046:DE:HTML> Zu-

kann damit als Bezugspunkt und Maßstab für die Analyse der weiteren Entwicklung des europäischen Datenschutzrechts dienen.

Mit der EG-Datenschutzrichtlinie, die sich an die EU-Mitgliedsstaaten richtet und von diesen umgesetzt werden muss, soll nach Aussage des Normgebers ein wirksamer Schutz der Privatsphäre der Bürger – also von natürlichen Einzelpersonen[45] – und eine Harmonisierung der Rechtssysteme der Mitgliedsstaaten zur Erleichterung des europaweiten, freien Austausches personenbezogener Daten erreicht werden (Europäische Union 2011: Zuf.). Die Umsetzungsfrist für die Richtlinie betrug drei Jahre. Der nationale deutsche Gesetzgeber hat diese Frist jedoch überschritten. Daher entstanden teilweise schon vorher auf landesrechtlicher Ebene deutlich fortschrittlichere Datenschutzgesetze (Zilkens 2007: 197). Mit der Novelle des Bundesdatenschutzgesetzes (BDSG) vom Mai 2001 hat aber schließlich auch der Bund die Richtlinie umgesetzt.

### 6.3.1 Definitionen und Anwendungsbereich

Die Datenschutzrichtlinie enthält zunächst wesentliche Definitionen, über die sich der Anwendungsbereich der jeweiligen materiellen Regelungen bestimmt. Grundsätzlich ist die Datenschutzrichtlinie RL 95/46/EG anwendbar auf alle "personenbezogenen Daten" (Art 2 lit. a DSRL).[46] Dies sind alle "Informationen über eine bestimmte oder bestimmbare natürliche Person" (Art 2 lit. a DSRL). Schon hier zeigt sich, dass die europäischen Normierungen den Unterschied zwischen *Informationen* und *Daten* nicht adäquat abbilden, sondern die Begriffe im Grunde synonym verwenden (s. o. 2.1).[47]

Es ist zunächst unerheblich, welchen Aspekt einer Person bzw. welchen Bereich der persönlichen Lebensführung die Daten bzw. Informationen betreffen, ein Bezug zu einer wie auch immer definierten Intim- oder Privatsphäre des Betroffenen ist nicht erforderlich (Ehmann/Helfrich 1999: Art. 2, RN 14-21). So werden etwa auch

---

letzt abgerufen am 1.8.2012. Dieser ging mit inhaltlich gleicher Stoßrichtung die Europaratskonvention 108/08 vom 28.1.1981 (BGBl. 1985 II: 538) voraus, die sich als völkerrechtlich verbindliches Abkommen des Europarates auch an die Mitgliedsstaaten der EU wendete (Tinnefeld/Ehmann/Gerling 2005: 103).

45 Im Folgenden werden beide Begriffe entsprechend der Praxis des Europarechts synonym verwendet.

46 Laut EuGH, verb. Rs. C-465/00 und C-138/01 und C-139/01- *ORF*, Rn. 68 wird der Anwendungsbereich der Richtlinie sehr weit ausgelegt, so dass – obwohl Kompetenzgrundlage für die DSRL der Art. 95 EGalt war, welcher nur die Regulierung des Binnenmarktes durch die EG erlaubt – im Einzelfall doch nicht zwingend ein Zusammenhang zum freien (Daten-)Verkehr zwischen den Mitgliedsstaaten bestehen muss (Britz 2008: 6f.).

47 In der folgenden Analyse kann daher die bisherige begriffliche Differenzierung nicht aufrechterhalten werden (s. o. FN 6).

Daten über das berufliche Einkommen oder Mitgliedschaften in sozialen Verbänden oder Vereinen erfasst. Für die Bestimmbarkeit ist es erforderlich, dass aus den Angaben – etwa aus Namen oder Anschrift – ein Bezug zu einer bestimmten Person hergestellt werden kann (Art 2 lit. a DSRL). "Ist eine solche Identifizierung der Person nicht möglich, liegen keine personenbezogenen Daten vor" (Durner 2006: 214).[48]

Die Richtlinie betrifft solche personenbezogenen Daten, die automatisch verarbeitet werden – etwa in einer elektronischen Datenbank – oder in einer – eventuell auch einfach papierbasierten – 'Datei' erfasst sind (Europäische Union 2011: Zuf.; Art. 3 I DSRL). Dateien sind strukturierte Sammlungen personenbezogener Daten, "die nach bestimmten Kriterien zugänglich sind" (Art. 2 lit. c DSRL), die also geordnet und durchsucht werden können (Durner 2006: 215). Die Datei wird damit ebenso wie der Begriff der personenbezogenen Daten vom europäischen Normgeber ohne Bezug auf eine bestimmte Erhebungs- oder Speicherungstechnik definiert, um die Anwendbarkeit der Richtlinie für einen möglichst langen Zeitraum zu ermöglichen (Zilkens 2007: 197).[49] Die Richtlinie erfasst allerdings nicht die Verarbeitung von Daten, die entweder "von einer natürlichen Person in Ausübung ausschließlich persönlicher oder familiärer Tätigkeiten vorgenommen wird [oder] die für die Ausübung von Tätigkeiten erfolgt, die nicht in den Anwendungsbereich des Gemeinschaftsrechts bzw. in die Kompetenz der EU fallen, wie die öffentliche Sicherheit, [dies umfasst u. a. staatliche Maßnahmen zur Kriminalitätsprävention und Strafverfolgung,] die Landesverteidigung oder die Staatssicherheit" (Europäische Union 2011: Zuf.; Art. 3 II DSRL). Damit verbleibt den Mitgliedstaaten in diesen Bereichen nationaler Interessen grundsätzlich die Möglichkeit eigene Vorschriften zu erlassen, ohne dass das Gemeinschaftsrecht vorgibt, welchem normativen Anforderungsprofil diese folgen müssen.[50]

---

[48] Daneben können personenbezogene Daten auch anonymisiert werden, indem durch Änderung der Einzelangaben die Zuordnung zu einer bestimmten natürlichen Person verhindert wird. Danach liegen für die Stellen, welche die Daten nicht wieder entanonymisieren können, keine personenbezogenen Daten mehr vor, so dass die besonderen Anforderungen des Datenschutzrechts für diese nicht mehr greifen. Auf diese Weise können etwa Statistiken über Kunden von Unternehmen oder Bürger von Behörden geführt werden, ohne dass datenschutzrechtliche Beschränkungen zu beachten sind (Durner 2006: 214; vgl. § 3 VI BDSG).

[49] Die Verwendung einer Datei in diesem Sinne war im deutschen Recht vor Umsetzung der DSRL notwendige Voraussetzung der Anwendbarkeit des gesamten Datenschutzrechts. Durch die DSRL ist diese Bedeutung allerdings verlorengegangen, da die Richtlinie nicht ausschließlich auf den rechtlichen Begriff der Datei setzt. Somit ist mittlerweile nur noch im nicht-öffentlichen Bereich Voraussetzung der Anwendbarkeit des Datenschutzrechts, dass Stellen Daten "unter Einsatz von Datenverarbeitungsanlagen [... oder] aus nicht automatisierten Dateien verarbeiten, nutzen oder dafür erheben" (§ 1 II Nr. 3 BDSG). Hierunter fällt auch schon eine analoge Adresskartei, so dass im Ergebnis so gut wie jede wirtschaftliche Verwendung persönlicher Daten vom deutschen Datenschutzrecht erfasst wird (Durner 2006: 215).

[50] Zu beachten ist jedoch, dass die EU mit der Richtlinie zur Vorratsdatenspeicherung von Kommunikationsdaten RL 2006/24/EG später doch Regelungen in diesen Bereichen erlassen hat (vgl. dazu näher unter 6.7).

Ist der Anwendungsbereich der Richtlinie eröffnet, so statuiert diese Grundprinzipien für die Rechtmäßigkeit der "Verarbeitungen" (Art. 2 lit. b. DSRL) dieser Daten (vgl. dazu näher unter 6.3.2). Das "Verarbeiten von Daten" (Art. 2 lit. b DSRL) umfasst gemäß dieser Vorschrift im Grunde jede Tätigkeit im Zusammenhang mit personenbezogenen Informationen, so u. a. bereits das Erheben, aber auch das Speichern, Ordnen, Nutzen, Sperren, Löschen oder Übertragen von Daten (Zilkens 2007: 197). Werden die Daten an einen Dritten mit dem Auftrag übertragen diese zu verarbeiten, beispielsweise um die betriebliche Datenverarbeitung auszulagern, so ist nur der Auftraggeber für die Einhaltung der datenschutzrechtlichen Bestimmungen verantwortlich (Dammann/Simitis 1997: Art. 2, RN 11-19).

### 6.3.2 Die vier Kategorien europäischer Datenschutzvorschriften und die Grundzüge der inhaltlichen Regelungen der DSRL

Betrachtet man alle Regelungen der DSRL im Hinblick darauf, welche Aspekte des Umgangs mit personenbezogenen Informationen sie betreffen, ergibt sich, dass sich die jeweils einzelnen Normen bzw. Vorschriften in vier Kategorien einteilen lassen: Zulässigkeit, Qualität, Sicherheit und Transparenz.[51] Diese betreffen vier zu differenzierende Dimensionen von Anforderungen bzw. regulativen Fragestellungen bei der Verarbeitung personenbezogener Daten. So befassen sich *Zulässigkeitsvorschriften* mit der Frage, wann und in welchem Umfang die Verarbeitung – also u. a. die Erhebung, Speicherung und Nutzung – von personenbezogenen Daten gestattet ist. *Qualitätsvorschriften* stellen dagegen Anforderungen an die Beschaffenheit, Organisation und Güte der Verarbeitungsprozesse, während *Sicherheitsvorschriften* die Integrität der Daten vor Manipulation und Eingriffen von außen schützen wollen. In die vierte Kategorie fallen die Vorschriften zur *Transparenz* der Verarbeitungsprozesse, welche die Informations-, Korrektur- und Löschungsansprüche des Betroffenen gegen den Verarbeiter der Daten sowie die hoheitliche Kontrolle der Einhaltung des Datenschutzrechts durch die Behörden betreffen.

---

51 Der Normgeber selbst unterscheidet in seiner Übersichtsdarstellung die Grundsätze des europäischen Datenschutzrechts noch feingliedriger (vgl. Europäische Union 2011: Zuf. RL 95/46/EG).

**Tab. 5: Die vier Kategorien europarechtlicher Datenschutzvorschriften**

| Kategorie | regulative Fragestellung |
|---|---|
| Zulässigkeit | Wann und in welchem Umfang ist die Verarbeitung von Daten gestattet? |
| Qualität | Welche Anforderungen bestehen an die Beschaffenheit, Organisation und Güte der Datenverarbeitung? |
| Sicherheit | Welche Anforderungen bestehen im Hinblick auf den Schutz der Verarbeitungsprozesse vor Manipulationen bzw. Eingriffen? |
| Transparenz | Hat der Betroffene Informations-, Korrektur- oder Löschungsansprüche gegen den Verarbeiter der Daten? Welche Kontrollbehörden existieren und welche Rechte haben sie? |

Quelle: eigene Darstellung

Anhand dieser Kategorien des Individualdatenschutzes kann im Folgenden die Ausgestaltung und inhaltliche Veränderung des europäischen Datenschutzrechts analysiert werden. In allen Kategorien trifft die DSRL weitreichende regulative Entscheidungen:

*Zulässigkeit:* Zuallererst muss die Verarbeitung der Daten, also die Erhebung, Speicherung etc. (s. o. 6.3.1), gestattet sein. Die Verarbeitung von Daten darf nach der DSRL lediglich erfolgen, wenn die betreffende Person hierin eingewilligt hat (Art. 7 lit. a DSRL) oder wenn die Verarbeitung aus einem der in Art. 7 lit. b ff. DSRL genannten Gründen zulässig ist. Die DSRL enthält somit ein grundsätzliches Verbot der Verarbeitung personenbezogener Daten und gestattet diese nur unter den genannten Vorraussetzungen. Als Zulässigkeitsgründe aufgezählt, werden die "Erfüllung eines Vertrags, dessen Vertragspartei die betroffene Person ist" (Art. 7 lit. b DSRL), die "Erfüllung einer rechtlichen Verpflichtung [..., welcher] der für die Verarbeitung Verantwortliche unterliegt" (Art. 7 lit. c DSRL), die "Wahrung lebenswichtiger Interessen der betroffenen Person" (Art. 7 lit. d DSRL), die "Wahrnehmung einer Aufgabe, die im öffentlichen Interesse liegt" (Art. 7 lit. e DSRL) und zuletzt die "Verwirklichung [eines] berechtigten Interesses, das von dem für die Verarbeitung Verantwortlichen [...] wahrgenommen wird" (Art. 7 lit. f DSRL).

Nur in sehr eng begrenzten Ausnahmefällen ist die Verarbeitung personenbezogener Daten zulässig, welche Informationen besonders geschützter inhaltlicher Kategorien enthalten. Das sind etwa Daten, aus denen "die rassische und ethnische Herkunft, politische Meinungen, religiöse oder philosophische Überzeugungen oder die Gewerkschaftszugehörigkeit hervorgehen, sowie Daten über Gesundheit oder Sexualleben" (Art. 8 DSRL).[52]

---

52 Die Verarbeitung von Daten dieser Kategorien ist entgegen des grundsätzlichen Verbots u. a. aber dennoch zulässig, wenn etwa die Verarbeitung zum Schutz lebenswichtiger Interessen der betroffenen Person oder aus Gründen der Gesundheitsvorsorge oder der medizinischen Diagnostik erforderlich ist (Art. 8 II lit. c, III DSRL).

Auch ist die Verarbeitung von personenbezogenen Daten, um automatisierte Einzelentscheidungen mit negativen Folgen für den Betroffenen zu treffen, gemäß Art. 15 DSRL nur in Ausnahmefällen zulässig.

*Qualität:* Ist die Datenverarbeitung grundsätzlich zulässig, muss des Weiteren auch deren Beschaffenheit auf dem von der DSRL festgelegten Niveau gesichert sein. Nach Art. 6 I lit. a, lit. b, 7 DSRL muss der Zweck der Datenerhebung rechtmäßig und eindeutig festgelegt sein, zudem muss die Verarbeitung den allgemeinen Grundsätzen von Treu und Glauben entsprechen.[53] Die Daten müssen sachlich richtig erhoben und bei Bedarf aktualisiert werden (Art. 6 I lit. d DSRL).

*Sicherheit:* Die Datenverarbeitung muss darüber hinaus hinreichend geschützt sein. Dazu hat der für die Verarbeitung Verantwortliche die Personen, die ihm oder einem Auftragsverarbeiter unterstellt sind und Zugang zu personenbezogenen Daten haben, sowie den Auftragsverarbeiter selbst dementsprechend anzuweisen (Art. 16 DSRL). Der Verantwortliche muss des Weiteren geeignete Maßnahmen hinsichtlich Technik und Organisation "für den Schutz personenbezogener Daten gegen die zufällige oder unrechtmäßige Zerstörung, den zufälligen Verlust, die unberechtigte Änderung, die unberechtigte Weitergabe oder den unberechtigten Zugang" (Art. 17 DSRL) ergreifen. Konkrete Vorgaben für Art und Umfang dieser Maßnahmen enthält die Richtlinie allerdings nicht.

*Transparenz:* Zuletzt muss die Transparenz der Datenverarbeitung gesichert sein. So ist der für die Verarbeitung Verantwortliche verpflichtet, der betroffenen Person bestimmte Angaben zum Beispiel über das Vorliegen von Daten, über die Identität des für die Verarbeitung Verantwortlichen, über die Zweckbestimmungen der Verarbeitung, über den Empfänger der Daten etc. zu machen (Art. 10, 12 DSRL).[54] Zudem besteht neben einem weitgehendem Auskunftsanspruch (Art. 12 lit. a DSRL) ein Anspruch auf "Berichtigung, Löschung oder Sperrung von Daten, deren Verarbeitung nicht den Bestimmungen der Richtlinie entspricht, insbesondere wenn diese Daten unvollständig oder unrichtig sind" (Art. 12 lit. b DSRL). Dem Betroffenen steht zudem ein grundsätzliches Widerspruchsrecht aus berechtigtem Grund gegen die Verarbeitung seiner Daten zu, das er kostenlos ausüben können muss. Relevant ist dies vor allem, wenn Daten zum Zweck der Direktwerbung verarbeitet werden sollen (Art. 14 DSRL).

---

53 Dadurch, dass eine klare Festlegung des Zwecks der Datenerhebung gefordert wird, werden zugleich die späteren Verwendungsmöglichkeiten der Daten begrenzt (Zilkens 2007: 197).

54 Daneben besteht gemäß Art. 28, 18, 19, 20 DSRL die Pflicht, alle automatisierten Verarbeitungen an unabhängige nationale Kontrollstellen oder an Datenschutzbeauftragte zu melden. Die Kontrollstelle prüft, "ob Risiken für die Rechte und Freiheiten der betroffenen Personen bestehen. Die Öffentlichkeit [zum Schutz der Nachvollziehbarkeit für den Betroffenen, die Daten selbst müssen nicht veröffentlicht werden] der Verarbeitungen muss sichergestellt sein und die Kontrollstellen sind zur Führung eines Verzeichnisses der gemeldeten Verarbeitungen verpflichtet" (Europäische Union 2011: Zuf.).

Sofern die beschriebenen Vorgaben nicht eingehalten werden, ist die Datenverarbeitung unrechtmäßig, was wiederum Sanktionen auslösen kann. Diese umfassen insbesondere die Reaktionsmöglichkeiten des Betroffenen selbst: So muss jeder Bürger bei der Verletzung der Rechte, die ihm aus den mitgliedsstaatlichen Umsetzungsvorschriften – deren Minimalgehalte wiederum von der Datenschutzrichtlinie vorgegeben werden – zustehen, gerichtlichen Rechtsschutz suchen können (Europäische Union 2011: Zuf.; Art. 22 DSRL). Darüber hinaus muss jede Person, die in Folge einer unrechtmäßigen Verarbeitung von personenbezogenen Daten einen Schaden erleidet, einen Anspruch auf Schadensersatz haben (Europäische Union 2011: Zuf., Art. 23 I DSRL). Daneben sind auch hoheitliche Sanktionen gegen den Verletzenden zulässig (Art. 24 DSRL).

Nicht übersehen werden darf jedoch, dass die Rechte der Bürger aus Art. 6 I, 10, 11 I, 12, 21 DSRL nach der Datenschutzrichtlinie in Ausnahmefällen durch die Mitgliedsstaaten beschränkt werden können. Die ist möglich aus Gründen der Sicherheit des Staates, der Landesverteidigung, der öffentlichen Sicherheit, der Verhütung und Verfolgung von Straftaten, aufgrund eines wichtigen ökonomischen oder finanziellen Interesses eines Mitgliedstaats oder zum Schutz der betroffenen Person oder der Rechte und Freiheiten anderer Personen (Art. 13 I lit. a – g DSRL). Mit dieser Vorschrift wird die Übereinstimmung der materiellen Regelungen der DSRL mit der Begrenzung des Anwendungsbereichs in Art. 3 II DSRL hergestellt (s. o. 6.3.1).

*6.3.3 Analyse im Hinblick auf die Erfüllung der theoretischen Anforderungsprofile*

In Art. 1 DSRL legt der Normgeber selbst den Gegenstand der Richtlinie fest und definiert somit zugleich deren Ziel:

> "(1) Die Mitgliedstaaten gewährleisten nach den Bestimmungen dieser Richtlinie den Schutz der Grundrechte und Grundfreiheiten und insbesondere den Schutz der Privatsphäre natürlicher Personen bei der Verarbeitung personenbezogener Daten.
> 
> (2) Die Mitgliedstaaten beschränken oder untersagen nicht den freien Verkehr personenbezogener Daten zwischen Mitgliedstaaten aus Gründen des gemäß Absatz 1 gewährleisteten Schutzes." (Art. 1 DSRL)

Die Zielbestimmung in Abs. 1 macht den Schutz individueller Grundrechte der Bürger in Bezug auf personenbezogene Daten zur Aufgabe der Mitgliedsstaaten. Die DSRL erfüllt hier die liberale Anforderung vom Grundsatz eines Rechts des Einzelnen auf informationelle Selbstbestimmung auszugehen (vgl. Cohen 2000: 1424). Dem entspricht auch die Regelungstechnik eines grundsätzlichen Verbots der Verarbeitung personenbezogener Daten mit den Erlaubnisvorbehalten der Zustimmung des Betroffenen und den begrenzten Ausnahmefällen aufgrund gewichtigerer gegenläufiger Interessen und Rechtspositionen anderer (Art. 7 lit. a, b und f, 15 DSRL) sowie der besondere Schutz politisch und beziehungsrelevanter und besonders persönlichkeitsbezogener Informationen (Art. 8 DSRL). Auffällig ist, dass durch die Richtlinie selbst der "Schutz der Grundrechte" (Art. 1 I DSRL) gewährleistet werden soll. Zum Ausdruck kommt hier die besondere Bedeutung der sekundärrechtlichen Richtlinie für den grundlegenden Schutz personenbezogener Informationen im Europarecht.[55] Auch die flankierenden Sicherheits- und Qualitätsvorschriften widersprechen den liberalen Anforderungen nicht, schützen sie doch notwendige Voraussetzungen für eine effektive Durchsetzung des Rechts auf informationelle Selbstbestimmung.[56]

Zugleich werden jedoch in Art. 1 I DSRL auch die wirtschaftlichen Grundfreiheiten der Bürger als Schutzziel genannt.[57] Zudem wird in Abs. 2 des Art. 1 DSRL festgestellt, dass durch den eingeführten Datenschutzstandard keine Beeinträchtigung des freien Datenaustauschs auf dem gemeinsamen Binnenmarkt der Gemeinschaft bezweckt wird. Die Übertragung personenbezogener Informationen aus wirtschaftlichen Gründen über Ländergrenzen hinweg soll ungehindert möglich bleiben. Nicht zu übersehen ist die Widersprüchlichkeit der beiden Regelungsziele in Abs. 1 und 2. Der Normgeber entscheidet sich dabei für ein Stufenverhältnis der beiden Zwecke: Wo die Freiheit des wirtschaftsbezogenen Datenverkehrs auf dem Binnenmarkt berührt wird, muss der Individualdatenschutz zurückstehen. Der freie Datenverkehr wird in diesem Verhältnis priorisiert. Dies entspricht dem libertären Anforderungsprofil, welches im Verhältnis von Privaten zueinander die Regulierung des Umgangs mit personenbezogenen Informationen grundsätzlich dem Markt überlassen will.[58]

Vereinbar sowohl mit dem liberalen als auch mit dem libertären Anforderungsprofil sind die Transparenzregeln der DSRL, welche das Ungleichgewicht zwischen Betroffenem und Datenverarbeiter, das, wie oben beschrieben, aufgrund des Wissensvorsprungs des Verarbeiters über Umfang, Einsatzmöglichkeiten und Wert bestimmter Daten besteht, ausgleichen wollen.

---

55 Zum Zeitpunkt des Erlasses der DSRL existierte noch kein ausformulierter Grundrechtsschutz auf Ebene des Primärrechts (vgl. dazu näher unter 6.8).
56 Da es dem Betroffenen faktisch nicht möglich ist die Verarbeitungsprozesse im Hinblick auf Sicherheit und Qualität selbst zu prüfen und so die Beachtung seines Rechts auf informationelle Selbstbestimmung zu kontrollieren, sind auch in dieser Hinsicht rechtliche Vorgaben erforderlich (s. o. 3.7).
57 Das sind die Zoll- bzw. Warenverkehrsfreiheit (Art. 28 ff. AEU), die Dienstleistungsfreiheit (Art. 56 ff. AEU), die Personenverkehrsfreiheiten (Art. 21, 45, 49 ff. AEU) und die Kapitalverkehrsfreiheit (Art. 63 ff. AEU), die bei entsprechenden wirtschaftlichen Akten, die einen grenzüberschreitenden Bezug aufweisen, zur Anwendung kommen (vgl. Frenz 2011: RN 210-333).
58 Der libertären Forderung nach einem so gut wie absoluten Abwehrrecht gegenüber staatlichem Zugriff auf personenbezogene Informationen wird die DSRL dagegen nicht gerecht.

Die Richtlinie findet jedoch, wie gesehen, keine Anwendung im Verhältnis des Bürgers zum Staat in Kernbereichen der Ausübung staatlicher Hoheitsgewalt, wie öffentlicher Sicherheit, Steuer oder Landesverteidigung (Art. 3 II DSRL). Diese Felder gemeinschaftlicher Interessen werden aus Kompetenzgründen in Übereinstimmung mit kommunitaristischen Forderungen von der EU nicht datenschutzrechtlich reguliert. Auf diesen Gebieten steht es den einzelnen Mitgliedsstaaten nach der DSRL also frei den Zugriff auf personenbezogenen Informationen durch ihre Behörden oder Private selbst zu reglementieren oder eben nicht. Außerdem haben sie die Möglichkeit die Rechte aus der DSRL aus den gleichen Gründen bzw. zum Schutz der gleichen Allgemeingüter wieder zu beschränken (Art. 13 DSRL). Eine Einzelfallabwägung der betroffenen Interessen und Rechtspositionen, die dem liberalen Anforderungsprofil eher entsprechen würde, wird in der DSRL an dieser Stelle nicht durchgeführt und auch von den Mitgliedsstaaten nicht eingefordert. Ebenso erfüllen die Einschränkungen des Anwendungsbereichs im familiären Bereich (Art. 3 II DSRL) vor allem das kommunitaristische Anforderungsprofil, da ansonsten Familienmitglieder den informationellen Eingriffen ihrer nächsten Angehörigen ihre Rechte aus der DSRL entgegenhalten könnten und so das gemeinschaftliche Gut des Familienfriedens bedroht wäre.

In der DSRL findet sich – mit Ausnahme der dargestellten Bereichsausnahmen, Beschränkungsmöglichkeiten und des generell hervorgehobenen Schutzes einiger weniger, spezieller Kategorien von Informationsgehalten in Art. 8 DSRL – keine Differenzierung nach informationellen Sphären oder Kontexten. Vielmehr hat die Richtlinie den Anspruch ein allgemein anwendbares Datenschutzrecht und gerade keine kontextspezifischen Verarbeitungsregeln zu statuieren (Erwägungsgründe 8-12 DSRL; Nissenbaum 2010: 237). Dem sphärentheoretischen Anforderungsprofil wird sie mithin nicht gerecht. Nur das Gebot einer Zwecksetzung und die entsprechende Begrenzung der Verwendungsmöglichkeiten in Art. 6 I lit. a, lit. b, 7 DSRL geben den Beteiligten an der Datenverarbeitung selbst die Möglichkeit in diesem Sinne so etwas wie einen informationellen Kontext zu definieren.

Im Ergebnis wird mit der ersten DSRL somit ein Datenschutzrecht normiert, welches in seinen regulativen Grundentscheidungen liberalen Anforderungen an die Behandlung personenbezogener Informationen entspricht, in unterschiedlichen Teilbereichen aber als einerseits libertär (im Hinblick auf den europäischen Handel) andererseits aber auch kommunitaristisch (im Hinblick auf die Ausnahmen und Beschränkungsmöglichkeiten für bestimmte hoheitliche Tätigkeitsfelder und den Umgang mit personenbezogenen Informationen innerhalb der Familie) verstanden werden kann.

Diese erste umfassende Datenschutznormierung legt zugleich einen ersten Standard des europäischen Datenschutzrechts in Bezug auf den Schutz personenbezogener Informationen über bestimmbare Einzelpersonen fest. Dieser europarechtliche *Individualdatenschutzsstandard* kann nun als Ausgangspunkt und Maßstab für die weitere Analyse der Entwicklung des europäischen Datenschutzrechts dienen.

## 6.4 Analyse der Datenschutzrichtlinie im Bereich der Telekommunikation RL 97/66/EG

Am 15.12.1997 wurde die Richtlinie 97/66/EG des Europäischen Parlaments und des Rates über die Verarbeitung personenbezogener Daten und den Schutz der Privatsphäre im Bereich der Telekommunikation (DSRL-Telekom) erlassen.[59] Die Datenschutzrichtlinie im Bereich der Telekommunikation trat gemäß Art. 19 i. V. m. Art. 17 I DSRL-eK mit der Umsetzung der nachfolgenden Datenschutzrichtlinie für elektronische Kommunikation am 31.10.2003 wieder außer Kraft.

### 6.4.1 Definitionen und Anwendungsbereich

Die Datenschutzrichtlinie im Bereich der Telekommunikation gilt in erster Linie für die Verarbeitung personenbezogener Daten in Verbindung mit der Erbringung öffentlicher Telekommunikationsdienste, worunter etwa Festnetz- und Mobiltelefonie, nicht aber Fernsehen und Radio fallen (Art. 3 I, 2 lit. d DSRL-Telekom). Art. 2 DSRL-Telekom erklärt die in der DSRL festgelegten Definitionen – etwa von 'personenbezogenen Daten' – auch im Bereich dieser Richtlinie für anwendbar (s. o. 6.3.1). Die Richtlinie soll dabei die Vorgaben der ursprünglichen DSRL im speziellen Bereich der Telekommunikation spezifizieren und ergänzen (Art. 1 II DSRL-Telekom; Schild 1999: 70).

### 6.4.2 Grundzüge der inhaltlichen Regelungen

Die Datenschutzrichtlinie im Bereich der Telekommunikation verpflichtet die Anbieter öffentlicher elektronischer Kommunikationsdienste über die ebenfalls geltenden Anforderungen der DSRL hinaus zur Einhaltung bestimmter bereichsspezifischer Regelungen bei der Verarbeitung der im Rahmen ihrer Dienste anfallenden Daten.[60]

---

[59] Die *Richtlinie 97/66/EG - Datenschutz im Bereich Telekommunikation* (DSRL-Telekom) ist abrufbar unter: <http://eur-lex.europa.eu/LexUriServ/LexUriServ.do?uri=CELEX:31997L0066:DE:HTML> Zuletzt abgerufen am 1.8.2012.

[60] Die Veränderungen im Vergleich zum Standard der DSRL werden im Folgenden eingeteilt in die vier Kategorien des europäischen Datenschutzrechts dargestellt.

*Zulässigkeit:* Die Verarbeitung der Daten im Rahmen der elektronischen Kommunikation muss – wie auch in der DSRL – erlaubt sein. Dies ist sie gemäß Art. 6 I DSRL-Telekom nur solange, bis die Daten zur Übertragung der betreffenden Nachricht oder zur Gebührenabrechnung nicht mehr benötigt werden. Anschließend sind die Daten zu löschen oder zu anonymisieren, wenn nicht der Betroffene einer weiteren Verwendung seiner Daten zu Vermarktungszwecken durch den Anbieter des Telekommunikationsdienstes zugestimmt hat (Art. 6 III DSRL-Telekom). In die Zulässigkeitskategorie fällt zudem der Grundsatz der DSRL-Telekom, dass die Vertraulichkeit des Kommunikationsinhalts gewahrt bleiben muss. Mithören oder Speichern der Nachrichtenübertragung durch andere Personen als die Nutzer ist untersagt (Art. 5 DSRL-Telekom).

Die Zulässigkeitsregeln der Art. 5, 6 DSRL-Telekom können, wie die Rechte nach der DSRL, ebenfalls in Ausnahmefällen durch die Mitgliedsstaaten beschränkt werden. Die Voraussetzungen hierfür sind nahezu identisch. Eine Beschränkung ist zulässig, wenn sie gemäß Art. 13 I DSRL "für die Sicherheit des Staates, die Landesverteidigung, die öffentliche Sicherheit oder die Verhütung [...] und Verfolgung von Straftaten oder des unzulässigen Gebrauchs von Telekommunikationssystemen notwendig ist" (Art. 14 I DSRL-Telekom). Hierdurch wird es den Mitgliedstaaten ermöglicht in diesen Fällen Datenaufzeichnungen über Telekommunikationsvorgänge anzulegen oder anzuordnen.

*Qualität:* Hierzu enthält die Richtlinie keine ver- oder entschärfenden Anforderungen, so dass weiterhin der Standard der DSRL zu beachten ist (s. o. 6.3.2).

*Sicherheit:* Die Verarbeitung der Daten muss auch im Rahmen von Telekommunikation vor Manipulationen geschützt sein. Allerdings sieht Art. 4 I DSRL-Telekom ebenfalls nur die generalklauselartige Verpflichtung des Anbieters zu "geeignete[n] technische[n] und organisatorische[n] Maßnahmen [... zur Sicherung seiner Dienste vor, welche] unter Berücksichtigung des Standes der Technik und der Kosten ihrer Durchführung ein Sicherheitsniveau gewährleisten [müssen], das angesichts des bestehenden Risikos angemessen ist" (Art 4 I DSRL-Telekom). Was aber unter 'geeigneten' Maßnahmen oder einem 'angemessenen' Risiko zu verstehen sein soll, bleibt – wie schon in der DSRL – offen.

*Transparenz:* Die DSRL-Telekom stellt die Publikation von personenbezogenen Informationen im Zusammenhang mit Telekommunikation unter erhöhte Anforderungen. Dem Nutzer eines Telefons muss es beispielsweise ermöglicht werden bei Anrufen das Anzeigen seiner Nummer zu unterdrücken, wenn er dies möchte (Art. 8 I DSRL-Telekom). Die Aufnahme in ein Teilnehmerverzeichnis (z. B. Telefonbuch) ist grundsätzlich gestattet, der Teilnehmer muss allerdings die Löschung seiner Daten durchsetzen können (Art. 11 I DSRL-Telekom).

Gemäß Art. 14 II DSRL-Telekom gelten die Vorschriften in Kapitel III der DSRL über die Durchsetzung des Datenschutzrechts durch die Bürger mittels

Schadensersatzanspruch und Rechtsbehelf bzw. hoheitlicher Sanktion auch im Anwendungsbereich der DSRL-Telekom. Der Bürger wird also auch hier durch entsprechende verfahrensrechtliche Reaktionsmöglichkeiten geschützt.

Daneben enthält die Richtlinie weitere individualschützende Vorschriften, die aber mehr dem Schutz vor aufgedrängten (Werbe-)Informationen als dem Datenschutz dienen.[61]

### 6.4.3 Analyse im Hinblick auf die Erfüllung der theoretischen Anforderungsprofile

Die Zielsetzung der Datenschutzrichtlinie im Bereich der Telekommunikation wird vom Normgeber selbst in Art. 1 I DSRL-Telekom wie folgt definiert:

"Diese Richtlinie dient der Harmonisierung der Vorschriften der Mitgliedstaaten, die erforderlich sind, um einen gleichwertigen Schutz der Grundrechte und Grundfreiheiten, insbesondere des Rechts auf Privatsphäre, in Bezug auf die Verarbeitung personenbezogener Daten im Bereich der Telekommunikation sowie den freien Verkehr dieser Daten und von Telekommunikationsgeräten und -diensten in der Gemeinschaft zu gewährleisten." (Art. 1 I DSRL-Telekom)

Der rechtliche Schutz der personenbezogenen Daten des Bürgers als Teilaspekt eines umfassenden Privatsphärenschutzes ist schon nach dem Normtext eines der wesentlichen Ziele der Richtlinie. Daneben wird – wie schon in der DSRL – der gleichwertige Schutzauftrag für die (wirtschaftlichen) Grundfreiheiten der Bürger betont. Das in Art. 1 DSRL entwickelte Stufenverhältnis der Zielsetzungen mit der Priorisierung des gemeinschaftsweiten Datenverkehrs wird jedoch im Bereich der Telekommunikation zu einem Abwägungsverhältnis beider Zielsetzungen. Sie stehen nun gleichwertig nebeneinander ("sowie" [Art. 1 I DSRL-Telekom]).

Vergleicht man die vorhergehende DSRL mit der DSRL-Telekom im Hinblick auf den Anwendungsbereich und in den – aus der DSRL abgeleiteten – inhaltlichen Kategorien des europarechtlichen Individualdatenschutzes, ergibt sich zusammengefasst Folgendes:

---

61 So wird der Bürger durch die Richtlinie etwa vor unerwünschter, automatisierter Telekommunikation zum Zweck des Direktmarketings geschützt. Solche ist gemäß Art. 12 I DSRL-Telekom nur bei vorheriger Einwilligung des Betroffenen erlaubt.

**Tab. 6: Veränderung des europarechtlichen Individualdatenschutzstandards (IDS) durch die RL 97/66/EG**

| | DSRL (RL 95/46/EG) | Stand mit DSRL-Telekom (RL 97/66/EG) |
|---|---|---|
| Anwendungsbereich | automatisch oder in Datei gespeicherte *personenbezogene Daten* Bereichsausnahme: u. a. Polizei, Justiz | *keine Veränderung:* Telekommunikationsdatenschutz wird bereichsspezifisch geregelt |
| **Kategorie:** | | |
| Zulässigkeit | - Einwilligungserfordernis<br>- alternativ: Vorliegen eines der in der RL definierten Zulässigkeitsgrundes<br>- verstärkter Schutz besonders sensibler Daten<br>- begrenzte Zulässigkeit automatisierter Einzelentscheidungen | *keine Veränderung:* spezielle Zulässigkeitsgründe: Ermöglichung von Telekommunikation und Gebührenabrechnung |
| Qualität | - Zweckfestsetzungserfordernis: rechtmäßig, eindeutig<br>- allgemeiner Grundsatz von Treu und Glauben<br>- Erfordernis sachlicher Richtigkeit<br>- Aktualisierungserfordernis | *keine Veränderung* |
| Sicherheit | - Erfordernis der Anweisung des verarbeitenden Personals<br>- Schutzvorkehrungserfordernis vor Verlust, Änderung etc. | *keine Veränderung:* weiterhin bloß generalklauselartige Formulierung |
| Transparenz | - Auskunftsverpflichtungen-/anspruch<br>- Berichtigungs-, Sperrungs- und Löschungsanspruch bei Verstoß gegen RL<br>- Widerspruchsrecht aus berechtigtem Grund<br>- Rechtsbehelfsgarantie<br>- Schadensersatzanspruchsgarantie | *Stärkung des IDS:*<br>- Recht auf Rufnummernunterdrückung<br>- Löschungsanspruch in Bezug auf Teilnehmerverzeichnisse |
| Einschränkung | Beschränkung möglich aus Gründen des Staatsschutzes, der Strafrechtspflege, besonderer Interessen etc. | *keine Veränderung* |

Quelle: eigene Darstellung

Die DSRL-Telekom lehnt sich mit ihrem inhaltlichen Regelungskonzept eng an die DSRL an. Insoweit kann sie ebenfalls als grundsätzlich liberal ausgestaltet charakterisiert werden. Die Neuerung der DSRL-Telekom besteht darin, dass sie für den Datenschutz im Zusammenhang mit Telekommunikation bereichsspezifische Regelungen trifft und somit diesen Kontext im Sinne sphärentheoretischer Anforderungen unabhängig ausgestaltet. Jedoch wird das von der Sphärentheorie geforderte

Übertragungsverbot in andere Kontexte nicht konsequent umgesetzt, denn die Einschränkungen der DSRL (z. B. Nutzung von Daten zur Kriminalitätsprävention etc.) gelten auch hier.

Eine inhaltliche Veränderung des individualdatenschutzrechtlichen Schutzniveaus lässt sich nur im Bereich der Transparenzvorschriften feststellen. Hier kommt es durch die DSRL-Telekom zu einer Stärkung des Individualdatenschutzes im Sinne liberaler und libertärer Anforderungen, da dem Bürger weitere selbstbestimmte Entscheidungsmöglichkeiten im Hinblick auf seine personenbezogenen Informationen (Rufnummernunterdrückung, Veröffentlichung im Telefonbuch) eingeräumt werden, auf die er zuvor keinen Einfluss hatte.[62]

### 6.5 Analyse der EG-Verordnung VO Nr. 45/2001

Die Verordnung (EG) Nr. 45/2001 des Europäischen Parlaments und des Rates zum Schutz natürlicher Personen bei der Verarbeitung personenbezogener Daten durch die Organe und Einrichtungen der Gemeinschaft und zum freien Datenverkehr (VO Nr. 45/2001) wurde am 18.12.2000 erlassen, um die Verarbeitung personenbezogener Daten durch die Organe und Einrichtungen der EU zu regeln.[63]

#### 6.5.1 Definitionen und Anwendungsbereich

Die Definitionen der entscheidenden Begriffe wie 'personenbezogene Daten', 'Datei' oder 'Verarbeitung' in Art. 2 VO Nr. 45/2001 entsprechen denen der DSRL (s. o. 6.3.1). Die DSRL verpflichtete zunächst nur die Mitgliedsstaaten zur Einhaltung bzw. Umsetzung des darin definierten Datenschutzniveaus in ihren jeweiligen nationalen Vorschriften. Die Organe der Europäischen Union selbst blieben zunächst außen vor. Dies änderte sich mit der Reform des EG-Vertrag durch den Vertrag von Amsterdam zum 1.5.1999, mit welchem mittels des Art. 286 I EGalt (jetzt Art. 16 II AEU) das bisherige sekundäre europäische Datenschutzrecht auch auf die Gemeinschafts- bzw. Unionsorgane für anwendbar erklärt wurde. Um die Anforderungen an die EU-Organe zu präzisieren und auf deren besondere Erfordernisse abzustimmen, wurde anschließend die Verordnung VO Nr. 45/2001 erlassen, womit

---

62 Solche Möglichkeiten sich davor schützen zu können, von anderen gefunden und identifiziert zu werden, müssen aus kommunitaristischer Sicht dagegen abgelehnt werden, wenn hierfür keine zwingenden Gründe außer der Verwirklichung möglichst weitgehender Selbstbestimmung sprechen.
63 Die *EG VO Nr. 45/2001 - Verarbeitung personenbezogener Daten durch EG Organe* ist abrufbar unter: <http://eur-lex.europa.eu/LexUriServ/LexUriServ.do?uri=CELEX:32001R0045:DE:HTML> Zuletzt abgerufen am 1.8.2012.

der Auftrag aus Art. 286 II EGalt erfüllt wurde (Frenz 2008: RN 1357-1359).[64] Der Anwendungsbereich der Verordnung ist dementsprechend eröffnet, wenn Organe und Einrichtungen der Gemeinschaft bzw. Union personenbezogene Daten verarbeiten, "soweit diese Verarbeitung im Rahmen von Tätigkeiten erfolgt, die ganz oder teilweise in den Anwendungsbereich des Gemeinschafts- bzw. Unionsrechts fallen" (Art. 3 I VO Nr. 45/2001).[65]

### 6.5.2 Grundzüge der inhaltlichen Regelungen

Auch die inhaltlichen Vorgaben lehnen sich eng an die Grundprinzipien der DSRL an.

*Zulässigkeit:* Es muss, wie auch schon in der DSRL und der DSRL-Telekom, ein expliziter Zulässigkeitsgrund für die Verarbeitung von personenbezogenen Daten gegeben sein. Dieser liegt neben den schon in Art. 7 lit. b-f DSRL genannten Fällen gemäß Art. 5 lit. a VO Nr. 45/2001 vor allem dann vor, wenn die Datenverarbeitung für die Wahrnehmung einer Gemeinschafts- bzw. Unionsaufgabe erforderlich ist.[66]

*Qualität:* Auch bei den Anforderungen an die Güte der Datenverarbeitung ergibt die VO Nr. 45/2001 im Vergleich zu DSRL und DSRL-Telekom nichts Neues.[67]

*Sicherheit:* Für die Gemeinschafts- bzw. Unionsorgane gelten des Weiteren die in der DSRL entwickelten Anforderungen hinsichtlich des Schutzes von Sicherheit und Vertraulichkeit der Daten (Art. 21, 22 VO Nr. 45/2001; vgl. Art. 16, 17 DSRL).

*Transparenz:* Die Daten sollen nicht länger als für die Erhebungs- oder Weiterverwendungszwecke erforderlich so aufbewahrt werden, dass die Identifizierung der betroffenen Personen möglich ist (Art. 4 lit. e VO Nr. 45/2001). Des Weiteren haben die Bürger durchsetzbare Rechte, wie das Recht auf Auskunft über sie betref-

---

[64] Art. 286 I EGalt und die VO Nr. 45/2001 werden daher als zusammenhängender Regelungskomplex angesehen und bearbeitet.
[65] Auch im Rahmen der VO Nr. 45/2001 ist es, wie in der DSRL, unerheblich, ob die Verarbeitung automatisiert erfolgt oder eine 'analoge' Datei hierzu benutzt wird (Art. 3 II VO Nr. 45/2001).
[66] Es gelten des Weiteren, wie in Art. 8 DSRL, besondere Anforderungen für die Verarbeitung bestimmter Kategorien von Daten (Art. 10 VO Nr. 45/2001).
[67] Daten sollen "nach Treu und Glauben und auf rechtmäßige Weise verarbeitet" (Art. 4 lit. a VO Nr. 45/2001) und ausschließlich für genau bestimmte, "eindeutige und rechtmäßige Zwecke erhoben und nicht in einer mit diesen Zwecken nicht zu vereinbarenden Weise weiterverarbeitet werden" (Art. 4 lit. b VO Nr. 45/2001). Zudem sollen die Daten "den Zwecken entsprechen, für die sie erhoben und/oder weiterverarbeitet werden, dafür erheblich sein und nicht darüber hinausgehen" (Art. 4 lit. c VO Nr. 45/2001). Die Daten müssen dabei inhaltlich richtig und, wenn nötig, aktualisiert worden sein (Art. 4 lit. d VO Nr. 45/2001). Es sind "angemessene Maßnahmen" (Art. 4 lit. d VO Nr. 45/2001) zu treffen, damit Daten gelöscht oder berichtigt werden, wenn sie in Bezug auf die Zwecke, für die sie erhoben oder weiterverarbeitet wurden, nicht zutreffend oder nicht vollständig sind (Art. 4 lit. d VO Nr. 45/2001).

fende personenbezogene Daten und unter Umständen das Recht auf Berichtigung, Sperrung und Löschung dieser Daten, die in den Akten und Dateien der einzelnen Organe und Einrichtungen der Union enthalten sind (Art. 13, 14, 15 VO Nr. 45/2001).

Die Verordnung sieht in Art. 41-48 VO Nr. 45/2001 außerdem die Einrichtung einer unabhängigen Europäischen Kontrollbehörde, bezeichnet als der "Europäische Datenschutzbeauftragte" (Art. 41 VO Nr. 45/2001), vor, die für die Überwachung und Durchsetzung der Anwendung der Datenschutzbestimmungen der Verordnung durch die Organe und Einrichtungen der EU verantwortlich ist.[68] Die Bürger könnten Beschwerden direkt an diese Stelle richten, wenn sie der Meinung sind, dass sie in ihren Rechten verletzt worden sind, die ihnen durch die Verordnung gewährt werden. Jede Einrichtung und jedes Organ der EU bestellt ergänzend einen eigenen behördlichen Datenschutzbeauftragten, dessen Aufgabe es ist mit dem Europäischen Datenschutzbeauftragen zusammenzuarbeiten und sicherzustellen, "dass die Rechte und Freiheiten der betroffenen Personen durch die Verarbeitungen aller Wahrscheinlichkeit nach nicht beeinträchtigt werden" (Art. 24 VO Nr. 45/2001).

### 6.5.3 *Analyse im Hinblick auf die Erfüllung der theoretischen Anforderungsprofile*

Der Gegenstand und Zweck der VO Nr. 45/2001 wird durch den Normgeber in Art. 1 I VO Nr. 45/2001 umschrieben:

> "Die durch die Verträge zur Gründung der Europäischen Gemeinschaften oder aufgrund dieser Verträge geschaffenen Organe und Einrichtungen [...], gewährleisten nach den Bestimmungen dieser Verordnung den Schutz der Grundrechte und Grundfreiheiten und insbesondere den Schutz der Privatsphäre natürlicher Personen bei der Verarbeitung personenbezogener Daten; sie dürfen den freien Verkehr personenbezogener Daten [...] weder beschränken noch untersagen." (Art. 1 I VO Nr. 45/2001)

Es wird hier im Grunde die Formulierung der DSRL und damit die Priorisierung des freien Datenverkehrs vor dem Schutz personenbezogener Informationen übernommen. Damit wird die erforderliche Übereinstimmung zwischen DSRL und VO Nr. 45/2001 gewährleistet. Es kommt also in dieser Hinsicht zu keiner Veränderung.

Der Vergleich des europäischen Datenschutzrechts nach der VO Nr. 45/2001 zum vorher geltenden europäischen Individualdatenschutzstandard ergibt dann im Überblick Folgendes:

---

68 Diese Behörde ist vergleichbar mit den Kontrollstellen, die gemäß der Datenschutzrichtlinie 95 /46/EG in den Mitgliedstaaten bestehen (s. o. FN 54).

Tab. 7: **Veränderung des europarechtlichen Individualdatenschutzstandards (IDS) durch die VO Nr. 45/2001**

| | Stand nach DSRL-Telekom (RL 97/66/EG)* | Stand mit Art. 286 EGalt und VO Nr. 45/2001 |
|---|---|---|
| Anwendungsbereich | automatisch oder in Datei gespeicherte *personenbezogene Daten* Bereichsausnahme: u. a. Polizei, Justiz | *Ausdehnung:* auf Organe und Einrichtungen der EG bzw. EU |
| **Kategorie:** | | |
| Zulässigkeit | - Einwilligungserfordernis<br>- alternativ: Vorliegen eines der in der RL definierten Zulässigkeitsgrundes<br>- verstärkter Schutz besonders sensibler Daten<br>- begrenzte Zulässigkeit automatisierter Einzelentscheidungen | *keine Veränderung:* spezieller Zulässigkeitsgrund: zur Durchführung von Aufgaben der Gemeinschaft bzw. Union |
| Qualität | - Zweckfestsetzungserfordernis: rechtmäßig, eindeutig<br>- allgemeiner Grundsatz von Treu und Glauben<br>- Erfordernis sachlicher Richtigkeit<br>- Aktualisierungserfordernis | *keine Veränderung* |
| Sicherheit | - Erfordernis der Anweisung des verarbeitenden Personals<br>- Schutzvorkehrungserfordernis vor Verlust, Änderung etc. | *keine Veränderung* |
| Transparenz | - Auskunftsverpflichtungen/-anspruch<br>- Berichtigungs-, Sperrungs- und Löschungsanspruch bei Verstoß gegen RL<br>- Widerspruchsrecht aus berechtigtem Grund<br>- Rechtsbehelfsgarantie<br>- Schadensersatzanspruchsgarantie<br>- Recht auf Rufnummernunterdrückung<br>- Löschungsanspruch in Bezug auf Teilnehmerverzeichnisse | *Stärkung des IDS:* Einrichtung einer unabhängigen europäischen Kontrollbehörde (Europäischer Datenschutzbeauftragter) |
| **Einschränkung** | Einschränkungsmöglichkeiten aus Gründen des Staatsschutzes, der Strafrechtspflege, besonderer Interessen etc. | *keine Veränderung* |

Quelle: eigene Darstellung, * Die Übersicht fasst den Stand des IDS nach der DSRL (RL 95/46/EG) und der DSRL-Telekom (RL 97/66/EG) zusammen.

Zum einen zeigt sich eine deutliche Ausdehnung des Anwendungsbereichs des europäischen Datenschutzrechts, das nun auch für die unionseigenen Organe gilt.

Hierbei wird aber kein kontextspezifisches Recht eingeführt, was als Entwicklung im Sinne der Sphärentheorie verstanden werden könnte, sondern die allgemeinen individuellen Rechtspositionen des europäischen Datenschutzrechts werden auch für die Abwehr von Eingriffen durch die EU selbst nutzbar gemacht. Dies entspricht in der Tendenz der liberalen Forderung nach einem starken informationellen Abwehrrecht gegenüber staatlichen Stellen. Da aber auch die vielfältigen Einschränkungen übernommen werden, erfüllt die Regelung an dieser Stelle nicht den noch weitergehenden Anspruch des libertären Anforderungsprofils.

Zum anderen setzt sich die Stärkung des Individualdatenschutzes im Bereich der Transparenzvorschriften durch die Einrichtung einer europäischen Kontrollbehörde fort, was ebenfalls dem liberalen Anforderungsprofil entspricht, da dieses Rechtsschutz auch durch behördliche Verfahren bzw. öffentliche Kontrolle einfordert, wenn Transparenz ansonsten nicht gewährleistet ist. In den sonstigen Kategorien bleibt es beim vorherigen Schutzniveau.

### 6.6 Analyse der Datenschutzrichtlinie für elektronische Kommunikation RL 2002/58/EG

Die Datenschutzrichtlinie für elektronische Kommunikation RL 2002/58/EG[69] (DSRL-eK) des Europäischen Parlaments und des Rates vom 12.7.2002 über die Verarbeitung personenbezogener Daten und den Schutz der Privatsphäre in der elektronischen Kommunikation ist Teil eines umfassenden Reformpakets zur Neugestaltung des Rechtsrahmens für die Telekommunikation (sog. 'Telekom-Paket'), welches mit der allgemeinen Zielsetzung entworfen wurde im Bereich der elektronischen Kommunikation einen stärkeren Wettbewerb herbeizuführen (Europäische Union 2010a: Zuf.). Dieser Rechtsrahmen besteht aus einer grundlegenden Rahmenrichtlinie RL 2002/21/EG sowie – neben der Datenschutzrichtlinie für elektronische Kommunikation – drei weiteren telekommunikationsbezogenen Richtlinien.[70]

Gemäß Art. 1 II DSRL-eK stellt die Datenschutzrichtlinie für elektronische Kommunikation eine Spezifizierung und Ergänzung der ursprünglichen Datenschutzrichtlinie dar. Auch diese Richtlinie baut daher auf den Vorgaben der DSRL

---

69 Die *Richtlinie 2002/58/EG - Datenschutzrichtlinie für elektronische Kommunikation* ist abrufbar unter: <http://eur-lex.europa.eu/LexUriServ/LexUriServ.do?uri=CELEX:32002L0058:DE:HTML> Zuletzt abgerufen am 1.8.2012.

70 Das sind die Richtlinie über die Genehmigung elektronischer Kommunikationsnetze und -dienste RL 2002/20/EG (Genehmigungsrichtlinie), die Richtlinie über den Zugang zu elektronischen Kommunikationsnetzen und zugehörigen Einrichtungen sowie deren Zusammenschaltung RL 2002/19/EG (Zugangsrichtlinie) und die Richtlinie über den Universaldienst und die Nutzerrechte RL 2002/22/EG (Universaldienstrichtlinie).

auf. Umzusetzen war sie bis zum 31.10.2003 (Art. 17 I DSRL-eK). Zugleich wurde mit ihr die DSRL-Telekom reformiert.[71]

### 6.6.1 Definitionen und Anwendungsbereich

Die DSRL-eK gilt in erster Linie "für die Verarbeitung personenbezogener Daten in Verbindung mit der Bereitstellung [... öffentlicher] elektronischer Kommunikationsdienste" (Art. 3 I DSRL-eK) und führt damit die Regelungstechnik der DSRL-Telekom fort, diesen Spezialbereich aufbauend auf den Vorgaben der ursprünglichen Datenschutzrichtlinie weitergehend zu regulieren. Art. 2 DSRL-eK erklärt folgerichtig wiederum die hierfür in der RL 95/46/EG entwickelten Definitionen (etwa von 'personenbezogenen Daten') auch im Bereich dieser Richtlinie für anwendbar (s. o. 6.3.1).[72] Es wird aber mit Rücksicht auf die Bedingungen und Bedürfnisse elektronischer Kommunikation eine Unterscheidung der dabei anfallenden personenbezogenen Daten in 'Verkehrsdaten' und 'Standortdaten' eingeführt. Verkehrsdaten sind diejenigen "Daten, die zum Zweck der Weiterleitung einer Nachricht an ein elektronisches Kommunikationsnetz oder zum Zwecke der Fakturierung dieses Vorgangs verarbeitet werden" (Art. 2 lit. b DSRL-eK). Standortdaten sind "Daten, die in einem elektronischen Kommunikationsnetz verarbeitet werden und die den geografischen Standort des Endgeräts des Nutzers eines öffentlich zugänglichen elektronischen Kommunikationsdienstes [z. B. Mobilfunk] angeben" (Art. 2 lit. c DSRL-eK).

### 6.6.2 Grundzüge der inhaltlichen Regelungen

Die DSRL-eK verpflichtet die Anbieter öffentlicher elektronischer Kommunikationsdienste neben den weiterhin geltenden Anforderungen der DSRL zur Einhaltung der speziellen Grundsätze bei der Verarbeitung der im Rahmen ihrer Dienste anfallenden Daten, die schon in der DSRL-Telekom entwickelt wurden und verschärft diese zugleich teilweise erheblich.
*Zulässigkeit:* Im Unterschied zur DSRL-Telekom ist nun eine Einwilligung auch in andere Nutzungen von Verkehrsdaten als zu Vermarktungszwecken erlaubt, wenn hierdurch Zusatzdienste ermöglicht werden (Art. 6 III DSRL-eK).[73] Für Standortdaten, die nicht zugleich auch Verkehrsdaten sind, gelten gemäß Art. 9 DSRL-

---

71 Mit der Umsetzung der DSRL-eK trat zugleich die DSRL-Telekom außer Kraft, s. o. 6.4.
72 Die Definition von 'elektronischer Kommunikation' unterscheidet sich nur unwesentlich vom zuvor gebräuchlichen Begriff der 'Telekommunikation' (vgl. Art. 2 lit. c RL 2002/21/EG).
73 Diese weitergehende Einwilligung bleibt nun aber auch frei widerrufbar (Art. 6 III DSRL-eK).

eK die gleichen Grundsätze.[74] Die DSRL-eK sieht des Weiteren vor, dass Nutzer über den Zugriff auf Informationen, die bereits auf ihrem Endgerät (z. B. Computer) gespeichert sind, oder über die Speicherung von solchen Informationen informiert und darauf hingewiesen werden müssen, dass sie dieser Erhebung widersprechen können (Art. 5 III DSRL-eK). Diese Bestimmungen sollen die informationstechnischen Systeme der Nutzer vor böswilligen Eingriffen mittels Schad- oder Spähsoftware schützen. Sie gelten jedoch auch für die sog. 'Cookies'.[75] Es bleibt zudem beim Schutz der Vertraulichkeit der Kommunikation (Art. 5 I DSRL-eK).

*Qualität:* Hierzu enthält die Richtlinie keine ver- oder entschärfenden Anforderungen, so dass der Standard der DSRL zu beachten ist (s. o. 6.3.2).

*Sicherheit:* In Bezug auf die Sicherheit bei der Speicherung und Verarbeitung von Daten im Rahmen der elektronischen Kommunikation bleibt es bei einer generalklauselartigen Festlegung in Art. 4 I DSRL-eK, die den vorherigen Vorschriften entspricht (s. o. 6.3.2, 6.4.2).

*Transparenz:* Eine Veränderung gibt es hingegen in Bezug auf die Voraussetzungen einer Publikation von Daten im Zusammenhang mit elektronischer Kommunikation. Die Veröffentlichung von Daten bedarf in der DSRL-eK häufiger der Einwilligung des Betroffenen. So muss der Teilnehmer vor Aufnahme in ein Verzeichnis nun hierüber informiert werden und hat so die Möglichkeit seine Einwilligung von vornherein zu versagen (Art. 12 I, II DSRL-eK).

Die Rechte des Bürgers aus den Zulässigkeits- und Transparenzvorschriften sind jedoch – wie auch schon in Art. 14 I DSRL-Telekom – für Ausnahmefälle von den Mitgliedsstaaten beschränkbar (Art. 15 I DSRL-eK). Die Anforderungen hierfür wurden im Vergleich zur DSRL-Telekom allerdings erheblich erhöht. Die Einschränkung der Rechte muss "notwendig, angemessen und verhältnismäßig" (Art. 15 I 1 DSRL-eK) sein. Die "allgemeinen Grundsätze des Gemeinschaftsrechts" (Art. 15 I 2 DSRL-eK) und damit auch die Grundrechte der Bürger sind zu achten. Datenaufzeichnungen über Kommunikationsvorgänge sind somit nur noch unter erschwerten Voraussetzungen in Einzelfällen möglich.

Gemäß Art. 15 II DSRL-eK gelten – wie schon in der DSRL-Telekom – die Vorschriften in Kapitel III der RL 95/46/EG über die Durchsetzung des Datenschutzrechts durch die Bürger mittels Schadensersatzanspruch und Rechtsbehelf bzw.

---

74 Sie dürfen gespeichert und verarbeitet werden, wenn eine Einwilligung erteilt wurde oder solange und soweit dadurch Zusatzdienste mit besonderem Nutzen für die Betroffenen angeboten werden können (Art. 9 DSRL-eK). Beispiele hierfür sind etwa die teilweise auf der Auswertung von Standortdaten beruhende Navigationsanwendungen für aktuelle Mobiltelefone.

75 Sog. 'Cookies' sind Informationspakete bzw. Dateien, die, oftmals ohne dass der Nutzer darauf hingewiesen wird, zwischen seinem Endgerät (Computer, Mobiltelefon etc.) und dem Rechner, von dem eine internetbasierte Anwendung bereitgestellt wird, ausgetauscht werden. Um etwa Konfigurationen für die nächste Nutzung zu speichern, werden die entsprechenden Informationen auf dem Endgerät des Nutzers hinterlegt. Allerdings lässt sich mit ihnen auch das individuelle Nutzungsverhalten protokollieren (Europäische Union 2010b: Zuf.).

hoheitlicher Sanktion auch im Anwendungsbereich der DSRL-eK. Auch wird der rechtliche Schutz vor aufgedrängten Informationen aus der DSRL-Telekom übernommen und auf sog. 'Spam'-E-Mails ausgedehnt (Art. 13 I DSRL-eK).

### 6.6.3 Analyse im Hinblick auf die Erfüllung der theoretischen Anforderungsprofile

Die Zielsetzung der Datenschutzrichtlinie für elektronische Kommunikation wird in Art. 1 I DSRL-eK definiert. Dabei wird jedoch im Vergleich zur Vorgängervorschrift nur auf den neu bestimmten Anwendungsbereich der DSRL-eK abgestellt und sonst der Wortlaut von Art. 1 I DSRL-Telekom übernommen, so dass keine inhaltliche Veränderung feststellbar ist (s. o. 6.4.3).

Beim Vergleich des Individualdatenschutzstandards nach der DSRL-eK zum vor Erlass dieser Richtlinie geltenden europäischen Datenschutzrecht ergibt sich dann in Bezug auf den Anwendungsbereich und die inhaltlichen Kategorien Folgendes:

**Tab. 8: Veränderung des europarechtlichen Individualdatenschutzstandards (IDS) durch die RL 2002/58/EG**

|  | Stand nach Art. 286 EGalt und VO Nr. 45/2001* | Stand mit DSRL-eK (RL 2002/58/EG) |
|---|---|---|
| Anwendungsbereich | automatisch oder in Datei gespeicherte *personenbezogene Daten* auch bei Organen und Einrichtungen der EG bzw. EU Bereichsausnahme: u. a. Polizei, Justiz | *keine Veränderung* Datenschutz im Spezialbereich der elektronischen Kommunikation |
| **Kategorie** | | |
| Zulässigkeit | - Einwilligungserfordernis<br>- alternativ: Vorliegen eines der in der RL definierten Zulässigkeitsgrundes<br>- verstärkter Schutz besonders sensibler Daten<br>- begrenzte Zulässigkeit automatisierter Einzelentscheidungen | *Stärkung des IDS:*<br>- Einwilligung in weitere Nutzungen für Zusatzdienste möglich<br>- Schutz von Daten auf Endgeräten |
| Qualität | - Zweckfestsetzungserfordernis: rechtmäßig, eindeutig<br>- allgemeiner Grundsatz von Treu und Glauben<br>- Erfordernis sachlicher Richtigkeit<br>- Aktualisierungserfordernis | *keine Veränderung* |
| Sicherheit | - Erfordernis der Anweisung des verarbeitenden Personals<br>- Schutzvorkehrungserfordernis vor Verlust, Änderung etc. | *keine Veränderung* |
| Transparenz | - Auskunftsverpflichtungen/-anspruch | *Stärkung des IDS:* Einwilligungserfordernis bei |

| | | |
|---|---|---|
| | - Berichtigungs-, Sperrungs- und Löschungsanspruch bei Verstoß gegen RL<br>- Widerspruchsrecht aus berechtigtem Grund<br>- Rechtsbehelfsgarantie<br>- Schadensersatzanspruchsgarantie<br>- Recht auf Rufnummernunterdrückung<br>- Löschungsanspruch in Bezug auf Teilnehmerverzeichnisse<br>- Einrichtung einer unabhängigen europäischen Kontrollstelle | Einträgen in Teilnehmerverzeichnisse |
| Einschränkung | Einschränkungsmöglichkeiten aus Gründen des Staatsschutzes, der Strafrechtspflege, besonderer Interessen etc. | *Stärkung des IDS: Erforderlichkeits- und Angemessenheitsprüfung wird verlangt* |

Quelle: eigene Darstellung, * Die Übersicht fasst den Stand des IDS nach der DSRL (RL 95/46/EG), der DSRL-Telekom (RL 97/66/EG), Art. 286 EGalt und der VO Nr. 45/2001 zusammen.

Mit der DSRL-eK wird das mit der DSRL-Telekom eingeführte kontextspezifische Regelungskonzept im Sinne der Sphärentheorie für den Bereich der Telekommunikation bzw. elektronischen Kommunikation fortgeschrieben und weiterentwickelt. Während durch die DSRL-eK in den Kategorien Qualität und Sicherheit keine Veränderung des Individualdatenschutzniveaus festzustellen ist, kommt es bei den Zulässigkeitsregeln zu einer Stärkung der Position des Bürgers im Hinblick auf die selbstbestimmte Kontrolle über die ihn betreffenden Daten. Es wird ihm die Möglichkeit der Einwilligung in weitere Nutzungsformen gegeben, wenn dadurch Zusatzdienste ermöglicht werden. Dies entspricht liberalen und libertären Forderungen, da das Selbstbestimmungsrecht ausgedehnt und zugleich weitere Aushandlungsprozesse über solche Angebote am Markt ermöglicht werden.

Dagegen erfüllt der verstärkte Schutz von Daten auf Endgeräten nach der DSRL-eK nur das liberale Anforderungsprofil, da zwar eine Informationspflicht und Widerspruchsmöglichkeit statuiert wird, der Einzelne aber in der Praxis in diesem Zusammenhang bisher kaum eine Chance hat, über die Zugriffsmöglichkeit im Voraus zu verhandeln, da er aufgrund der technischen Konfiguration meist zunächst nicht bemerken kann, dass aktuell Daten von seinem Endgerät abgefragt werden wie beispielsweise beim Besuch einer Internetseite, die 'Cookies' einsetzt.[76]

Im Bereich der Transparenzregeln setzt sich die Tendenz zur Stärkung des Individualdatenschutzes kontinuierlich fort. Auch hier kommt es durch die Einwilligungserfordernisse zu einer Stärkung informationeller Selbstbestimmung im Sinne liberaler und libertärer Anforderungen.

---

[76] Diese Regelung wird durch die nachfolgenden 'e-Privacy'-Richtlinie entscheidend verändert (vgl. dazu näher unter 6.9.2).

Die gewichtigste Veränderung aus normativ-theoretischer Sicht entsteht jedoch durch die Verpflichtung der Mitgliedsstaaten bei den Einschränkungen der Rechte des Bürgers aus der DSRL-eK im nationalstaatlichen Recht eine Geeignetheits-, Erforderlichkeits- und Angemessenheitsprüfung vorzunehmen. Damit werden die öffentlichen Interessen und mittelbar betroffenen Rechtsgüter anderer in den Ausnahmebereichen (Sicherheit, Strafverfolgung etc.) in ein Abwägungsverhältnis zum Recht des Einzelnen auf Schutz seiner personenbezogenen Informationen gestellt. Es ist also erstens zu prüfen, ob die Maßnahme des Mitgliedstaats überhaupt geeignet ist eines der genannten Ziele wie etwa die Strafverfolgung zu fördern. Zweitens ist zu klären, ob es kein milderes Mittel gibt, um den erstrebten Zweck ebenso effektiv zu erreichen, und drittens, ob das eingesetzte Mittel (hier die Einschränkung der informationellen Rechte des Bürgers) nicht außer Verhältnis zum angestrebten Zweck steht (vgl. Frenz 2009: RN 732-765). So wäre beispielsweise eine öffentliche nationale Fingerabdruckkartei, in der alle Bürger unabhängig von Verdachtsmomenten oder Vorstrafen erfasst werden, sicher geeignet, Verbrechen öfter und schneller aufzuklären. Der angestrebte Zweck stünde aber doch offensichtlich außer Verhältnis zur Eingriffsintensität der Maßnahme in die informationellen Rechte des Bürgers. Durch dieses Verfahren soll beiden Interessen- bzw. Rechtspositionen zu größtmöglicher Wirksamkeit verholfen, eine sog. "praktische Konkordanz" (Hesse 1995: RN 72) zwischen ihnen hergestellt werden.

Dies entspricht eindeutig eher dem liberalen als dem zuvor zum Verständnis der Ausnahmen herangezogenen kommunitaristischen Anforderungsprofil, da jenes auf den verhältnismäßigen Ausgleich individueller Rechtspositionen in objektiven Verfahren im Einzelfall setzt (s. o. 3.7), während das kommunitaristische Modell zwar eine Erforderlichkeitsprüfung vorsieht, jedoch nicht von einer abwägbaren individuellen Rechtsposition in Bezug auf den Schutz personenbezogener Informationen ausgeht, sondern diese als "soziale Lizenz" (Etzioni 1999: 196) begreift, die nur derivativ entsteht (s. o. 3.8).

### 6.7 Analyse der Richtlinie zur Vorratsdatenspeicherung von Kommunikationsdaten RL 2006/24/EG

Die Richtlinie 2006/24/EG des Europäischen Parlaments und des Rates über die Vorratsspeicherung von Daten, die bei der Bereitstellung öffentlich zugänglicher elektronischer Kommunikationsdienste oder öffentlicher Kommunikationsnetze erzeugt oder verarbeitet werden, und zur Änderung der Richtlinie 2002/58/EG[77]

---

[77] Die *Richtlinie 2006/24/EG – Vorratsdatensspeicherung* ist abrufbar unter: <http://eur-lex.europa.eu/LexUriServ/LexUriServ.do?uri=OJ:L:2006:105:0054:01:DE:HTML> Zuletzt abgerufen am 1.8.2012.

(VorrD-RL) wurde am 15.3.2006 erlassen, um die Anbieter von Kommunikationsdiensten und die Betreiber von Kommunikationsnetzen zum Zwecke der Ermittlung, Feststellung und Verfolgung von schweren Straftaten dazu zu verpflichten bestimmte Daten über die Nutzer der entsprechenden Dienste bzw. Netze 'auf Vorrat' zu speichern. Gemäß Art. 15 I VorrD-RL war sie von den Mitgliedsstaaten bis zum 15.9.2007 umzusetzen. Die Umsetzung in Deutschland erfolgte mit dem *Gesetz zur Neuregelung der Telekommunikationsüberwachung und anderer verdeckter Ermittlungsmaßnahmen sowie zur Umsetzung der Richtlinie 2006/24/EG* zum 1.1.2008.[78]

### 6.7.1 Definitionen und Anwendungsbereich

Die Richtlinie zur Vorratsdatenspeicherung übernimmt gemäß Art. 2 I VorrD-RL die Definitionen der DSRL, der Rahmenrichtlinie 2002/21/EG und der DSRL-eK (s. o. 6.3.1, 6.6.1). Allerdings wird ein erweiterter Datenbegriff eingeführt, nach welchem als Daten sämtliche "Verkehrsdaten und Standortdaten sowie alle damit in Zusammenhang stehende Daten, die zur Feststellung des Teilnehmers oder Benutzers erforderlich sind" (Art. 2 II lit. a VorrD-RL) erfasst werden. Die Richtlinie findet auf alle diese Daten Anwendung, wenn sie zur Feststellung der Nutzer eines Kommunikationsdienstes oder -netzes notwendig sind. Sie gilt aber ausdrücklich "nicht für den Inhalt elektronischer Nachrichtenübermittlungen einschließlich solcher Informationen, die mit Hilfe eines elektronischen Kommunikationsnetzes abgerufen werden" (Art. 1 II 2 VorrD-RL).

### 6.7.2 Grundzüge der inhaltlichen Regelungen

*Zulässigkeit:* Die Richtlinie zur Vorratsdatenspeicherung betrifft vor allem die Zulässigkeitsfrage, da sie in einem erheblichen Maße und ausdrücklich abweichend von den zuvor geltenden Vorgaben der DSRL und der DSRL-eK das Erheben und vor allem das Speichern von Daten gestattet bzw. sogar vorschreibt:

So werden die Kommunikationsdiensteanbieter bzw. -netzbetreiber in Art. 3 I VorrD-RL – abweichend von den Art. 5, 6 und 9 der DSRL-eK – verpflichtet, die

---

78 Mit Urteil vom 2.3.2010 hat das Bundesverfassungsgericht diese deutschen Umsetzungsvorschriften zur Vorratsdatenspeicherung in der bisherigen Form jedoch für verfassungswidrig und nichtig erklärt sowie die sofortige Löschung der bis dahin gespeicherten Daten angeordnet (BVerfG, Urt. vom 2.3.2010 - 1 BvR 256/08, 263/08, 586/08 - *Vorratsdatenspeicherung*). Das Verfassungsgericht geht aber ausdrücklich nicht von einer generellen Verfassungswidrigkeit jeder Ausgestaltung einer Vorratsdatenspeicherung aus, so dass eine Umsetzung in Deutschland, über die innerhalb der Regierungskoalition in Anbetracht der abgelaufenen Umsetzungsfrist zurzeit (August 2012) heftig gestritten wird, in Zukunft durchaus möglich ist (Roßnagel 2010: 1239f.).

bei der Bereitstellung ihrer Angebote erzeugten Daten über die Nutzer auf Vorrat zu speichern. Dies betrifft beispielsweise Telefonate oder Zugriffe auf Angebote über das Internet. Die Inhalte der zur speichernden Daten werden in Art. 5 VorrD-RL spezifiziert. So soll es ermöglicht werden Nachrichten bis zu ihrem Ausgangspunkt zurückzuverfolgen und Adressaten, Datum, Uhrzeit, Länge und Art einer Nachricht und die zur Übermittlung genutzte Endeinrichtung und den Standort eines mobilen Endgeräts zu bestimmen (Art. 5 I VorrD-RL).[79] Die Daten müssen von den Anbietern gemäß Art. 6 VorrD-RL mindestens sechs Monate vorgehalten werden. Innerhalb dieser Frist muss öffentlichen Behörden zum Zweck der Verfolgung schwerer Straftaten – welche das sind, legen die Mitgliedsstaaten selbst fest (Art. 1 I VorrD-RL) – der Zugang zu diesen Daten offen stehen (Art. 4 S. 1 VorrD-RL). Der Zugriff der Behörde muss zur Verfolgung der Straftat wirklich notwendig sein und darf von Umfang und Intensität her nicht außer Verhältnis zu diesem Zweck stehen (Art. 4 S. 2 VorrD-RL).

Um die Richtlinie zur Vorratsdatenspeicherung mit der DSRL-eK zu synchronisieren, wird gemäß Art. 11 VorrD-RL in Art. 15 DSRL-eK ein Abs. 1a eingefügt, der die dortigen hohen Anforderungen für die Ausnahmefälle, in denen die Rechte des Bürgers nach der DSRL-eK nicht gelten können, im Anwendungsbereich der Richtlinie zur Vorratsdatenspeicherung außer Kraft setzt.

*Sicherheit:* Die Richtlinie zur Vorratsdatenspeicherung enthält zudem in Art. 7 VorrD-RL spezielle Vorgaben zur Datensicherheit bei diesen Verfahren, die unbeschadet der Vorgaben der DSRL und der DSRL-eK gelten. Diese betreffen allerdings nur die Sicherheit der Vorratsdatenspeicherung selbst und geben diesbezüglich einen Mindeststandard vor. Danach müssen die auf Vorrat gespeicherten Daten dem gleichen Schutzniveau unterfallen wie die sonstigen im Netz vorhandenen Daten (Art. 7 lit. a VorrD-RL). Auch müssen die Daten gegen zufällige oder unrechtmäßige Zerstörung, Änderung oder Verbreitung etc. durch geeignete Maßnahmen geschützt werden (Art. 7 lit. b VorrD-RL). Zugang zu ihnen dürfen nur besonders legitimierte Personen haben und die Daten müssen am Ende der Vorratsspeicherungsfrist gelöscht werden, sofern sie nicht genutzt worden sind (Art. 7 lit. c, d VorrD-RL).[80]

---

79 Es sollen allerdings keine solchen Daten gespeichert werden, die einen Rückschluss auf den Inhalt der Kommunikation erlauben (Art. 5 II VorrD-RL; vgl. Art. 1 II 2 VorrD-RL).
80 Die Kontrolle dieser Vorgaben obliegt gemäß Art. 9 VorrD-RL einer dafür einzurichtenden öffentlichen Stelle. Der Maßnahmenkatalog zur Sicherung des Datenschutzstandards nach Kapitel III der DSRL findet gemäß Art. 13 I VorrD-RL auch auf diese Anwendung. Besonders betont werden in Art. 13 II VorrD-RL noch einmal die Sanktionsinstrumente zur Ahndung unberechtigter Zugriffe auf die nach dieser Richtlinie gespeicherten Daten.

### 6.7.3 Analyse im Hinblick auf die Erfüllung der theoretischen Anforderungsprofile

Der Zweck der VorrD-RL wird vom Normgeber wie folgt definiert:

> "Mit dieser Richtlinie sollen die Vorschriften der Mitgliedstaaten über die Pflichten von Anbietern öffentlich zugänglicher elektronischer Kommunikationsdienste oder Betreibern eines öffentlichen Kommunikationsnetzes im Zusammenhang mit der Vorratsspeicherung bestimmter Daten, die von ihnen erzeugt oder verarbeitet werden, harmonisiert werden, um sicherzustellen, dass die Daten zum Zwecke der Ermittlung, Feststellung und Verfolgung von schweren Straftaten, wie sie von jedem Mitgliedstaat in seinem nationalen Recht bestimmt werden, zur Verfügung stehen." (Art. 1 I VorrD-RL)

Der Schutz der personenbezogenen Informationen der Bürger findet als Regelungsziel keine Erwähnung im regulativen Teil der Norm. Dennoch übt die VorrD-RL einen erheblichen Einfluss auf die Behandlung personenbezogener Informationen durch das europäische Datenschutzrecht aus. Dass der Schutz individueller personenbezogener Informationen an dieser Stelle nicht genannt wird, weist schon auf die inhaltliche Entwicklung hin. Vergleicht man den Umgang mit Individualdaten nach der VorrD-RL mit dem vor Erlass dieser Richtlinie geltenden europäischen Individualdatenschutzstandard, zeigen sich in den inhaltlichen Kategorien dementsprechend erhebliche Veränderungen:

**Tab. 9: Veränderung des europarechtlichen Individualdatenschutzstandards (IDS) durch die RL 2006/24/EG**

|  | Stand nach der DSRL-eK (RL 2002/58/EG)* | Stand mit VorrD-RL (RL 2006/24/EG) |
|---|---|---|
| Anwendungsbereich | automatisch oder in Datei gespeicherte *personenbezogene Daten* auch bei Organen und Einrichtungen der EG bzw. EU Bereichsausnahme: u. a. Polizei, Justiz | *keine Veränderung* Anwendung der VorrD-RL auf alle Daten, die zur Feststellung eines Kommunikationsteilnehmers oder -benutzers benötigt werden |
| **Kategorie:** | | |
| Zulässigkeit | - Einwilligungserfordernis<br>- alternativ: Vorliegen eines der in der RL definierten Zulässigkeitsgrundes<br>- verstärkter Schutz besonders sensibler Daten<br>- begrenzte Zulässigkeit automatisierter Einzelentscheidungen<br>- Schutz von Daten auf Endgeräten | *Schwächung des IDS:*<br>- Datenspeicherungspflicht für min. sechs Monate<br>- Zugriffsrecht staatlicher Behörden<br>- Anforderungen von DSRL und DSRL-eK großteilig außer Kraft |
| Qualität | - Zweckfestsetzungserfordernis: rechtmäßig, eindeutig<br>- allgemeiner Grundsatz von Treu und Glauben | *keine Veränderung* Identifizierbarkeit der Nutzer wird als eigener Zweck festgesetzt |

| | | |
|---|---|---|
| Sicherheit | - Erfordernis sachlicher Richtigkeit<br>- Aktualisierungserfordernis<br>- Erfordernis der Anweisung des verarbeitenden Personals<br>- Schutzvorkehrungserfordernis vor Verlust, Änderung etc. | *keine Veränderung:*<br>Mindeststandard gilt auch bei der Vorratsdatenspeicherung |
| Transparenz | - Auskunftsverpflichtungen/-anspruch<br>- Berichtigungs-, Sperrungs- und Löschungsanspruch bei Verstoß gegen RL<br>- Widerspruchsrecht aus berechtigtem Grund<br>- Rechtsbehelfsgarantie<br>- Schadensersatzanspruchsgarantie<br>- Recht auf Rufnummernunterdrückung<br>- Einwilligungserfordernis bei Einträgen in Teilnehmerverzeichnisse<br>- Einrichtung einer unabhängigen europäischen Kontrollstelle | *Schwächung des IDS:*<br>Anforderungen von DSRL und DSRL-eK bei Vorratsdatenspeicherung großteilig außer Kraft |
| Einschränkung | Einschränkungsmöglichkeiten aus Gründen des Staatsschutzes, der Strafrechtspflege, besonderer Interessen etc.<br>Im Bereich elektr. Kommunikation: Erforderlichkeits- und Angemessenheitsprüfung | *keine Veränderung* |

Quelle: eigene Darstellung, * Die Übersicht fasst den Stand des IDS nach der DSRL (RL 95/46/EG), Art. 286 EGalt, der VO Nr. 45/2001 und der DSRL-eK (RL 2002/58/EG) zusammen.

Auch die VorrD-RL hat einen kontextbezogenen Anwendungsbereich und steht somit in der Tradition bereichsspezifischer Regelungen zur elektronischen Kommunikation. Während die Richtlinie zur Vorratsdatenspeicherung bei Qualitäts- und Sicherheitsvorschriften keine Veränderungen bei der rechtlichen Behandlung personenbezogener Informationen mit sich bringt, kommt es durch sie in den Kategorien Zulässigkeit und Transparenz hingegen zu einer eindeutigen Schwächung der rechtlichen Position des Bürgers. Dessen informationelle Rechte werden aus Gründen gemeinschaftlichen Interesses (Verfolgung schwerer Straftaten) beschränkt. Mittelbar dient diese Einschränkung zur Strafverfolgung natürlich auch dem Schutz der individuellen Rechte anderer, etwa dem Eigentumsrecht oder dem Recht auf körperliche Unversehrtheit. Die gegenläufigen Interessen und Rechtspositionen sollen in Ausgleich gebracht werden, indem die EU in Art. 4 S. 2 VorrD-RL den Mitgliedsstaaten vorschreibt eine Erforderlichkeits- und Verhältnismäßigkeitprüfung bei der Umsetzung der Richtlinie vorzunehmen.[81] Während die grundsätzliche Schwächung des Schutzniveaus individueller Daten durch die Speicherungspflicht und Zugriffsrechte der Behörenden – wie auch schon die Ausnahmeregeln in DSRL und DSRL-Telekom – eindeutig im Sinne kommunitaristischer Anforderungen verstanden werden kann, weisen die verfahrentechnischen Vorgaben für die Mitgliedsstaaten (Erforderlichkeits- und Verhältnismäßigkeitsprüfung) Züge des liberalen Anforderungsprofils auf. Allerdings werden in der VorrD-RL selbst keine Vorkehrungen getroffen, um die Objektivität und Fairness dieser Verfahren zu sichern.

### 6.8 Analyse des Grundrechts auf Datenschutz in der Grundrechtecharta nach dem Vertrag von Lissabon und des Rahmenbeschlusses 2008/977/JI

Auf primärrechtlicher Ebene war der grundrechtliche Schutz personenbezogener Informationen bis 2009 nicht ausdrücklich kodifiziert. Allerdings gab es, vorangetrieben durch die Rechtsprechung des EuGH, auch auf europarechtlicher Ebene ein zumindest grundrechtsgleiches subjektives Datenschutzrecht (Siemen 2006: 251). Ein entsprechendes Schutzniveau wurde zudem dadurch gewährleistet, dass über Art. 6 II EUV-Nizza das geschriebene Grundrecht "auf Achtung des Privat- und Familienlebens" in Art. 8 EMRK ebenfalls bereits für die EU galt.[82] In der gemäß Art. 6 I EUV seit dem 1.12.2009 in den Mitgliedsstaaten verbindlichen Grundrechtecharta der Europäischen Union ist schließlich in Art. 8 GRC ein eigenes, ausdrückliches Datenschutzgrundrecht jedes einzelnen EU-Bürgers festgeschrieben worden.[83]

*6.8.1 Anwendungsbereich des europäischen Datenschutzgrundrechts*

Die Reichweite des europäischen Datenschutzgrundrechts ist bisher noch relativ unklar. In dieser Frage ist zwischen dem Handeln der Unionsorgane und dem Handeln der Mitgliedsstaaten zu differenzieren (Britz 2008: 4). Bei Organen der EU ist es unstrittig, dass europäische Grundrechte Anwendung finden (ebd.), hinsichtlich der Mitgliedsstaaten muss jedoch danach unterschieden werden, ob ihre jeweilige

---

81 Dies betrifft insbesondere die Festlegung der Straftaten, bei denen ein Zugriff der Behörden auf die gespeicherten Daten erlaubt wirbt, sowie die Ausgestaltung des entsprechenden Verfahrens durch die Mitgliedsstaaten.
82 Der Art. 8 EMRK enthält nach der Rechsprechung des EGMR auch ein Datenschutzgrundrecht (vgl. Siemen 2006: 79-133).
83 Eine inhaltsgleiche Regelung zu Art. 8 I GRC findet sich, wie schon erwähnt, auch in Art. 16 I AEU. Damit will die EU noch einmal betonen, dass ein grundlegendes Recht des Bürgers auf Schutz seiner personenbezogenen Daten auch gegenüber den Organen der Union gilt (Bernsdorff 2010: Art. 8 RN 17).

Aktivität in den Anwendungsbereich des Europarechts fällt (Art. 51 I 1 GRC; Britz 2008: 5).[84] Dann sind auch sie an die europäischen Grundrechte gebunden (Britz 2008: 5). Der EuGH hat in dieser Frage ein weites Verständnis vom Anwendungsbereich des europäischen Datenschutzgrundrechts (EuGH, verb. Rs. C-465/00 und C-138/01 und C-139/01 – *ORF*: RN 68; EuGH, Rs. C 101/01 - *Lindqvist*: RN 83; dazu: Britz 2008: 5-10; EuGH, Rs. C-28/08 – *Bavarian Lager*).[85] So geht der EuGH – im Gegensatz etwa zum BVerfG in Bezug auf das deutsche Grundrecht auf informationelle Selbstbestimmung und auch zu seiner sonstigen Rechtsprechung – von einer direkten Anwendbarkeit (einer sog. 'unmittelbaren Drittwirkung') von Art. 8 GRC im Verhältnis zwischen Privatpersonen aus (EuGH, Rs. C-101/01 – *Lindqvist*; EuGH, Rs. C – 275/06 – *Promusicae*; Britz 2008: 13f.). Des Weiteren enthält Art. 8 GRC keine Einschränkung des Anwendungsbereiches in Bezug auf Polizei, Justiz, Landesverteidigung etc. wie sie in Art. 3 II DSRL vorgesehen ist. Damit findet das europäische Grundrecht beispielsweise auch auf von europäischen und nationalen Sicherheitsbehörden gesammelte Daten Anwendung.[86]

Für die Spezialfälle des Austauschs von personenbezogenen Daten im Rahmen der polizeilichen und justiziellen Zusammenarbeit in Strafsachen[87] unter den Mitgliedstaaten oder zwischen den Mitgliedsstaaten und gemeinschaftlichen Einrichtungen dieses Politikbereichs, z. B. Europol und Eurojust, hat der Rat der Europäischen Union bereits am 27.11.2008 den in seiner Wirkung mit einer Richtlinie vergleichbaren Rahmenbeschluss 2008/977/JI erlassen.[88] Dieser enthält für derartige Datentransfers gemäß Art. 1 II, III RB 2008/977/JI dezidierte Vorgaben, welche von den Mitgliedsstaaten eingehalten werden müssen. Der Rahmenbeschluss war gemäß Art. 29 I RB 2008/977/JI bis zum 27.11.2010 umzusetzen und wird hier aufgrund des engen zeitlichen Zusammenhangs in Verbindung mit Art. 8 GRC behandelt.

---

84 Dies ist etwa problemlos bei Maßnahmen zur Umsetzung der vorgestellten Datenschutzrichtlinien der Fall, soweit die Mitgliedstaaten dabei keinen Umsetzungsspielraum haben (vgl. Britz 2008: 7-9).
85 Das BVerfG vertritt hingegen die gegenteilige Ansicht, dass der Anwendungsbereich des europäischen Datenschutzrechts eher eng auszulegen ist (BVerfG 1 BvR 256/08 vom 11.03.2008: RN 135; Britz 2008: 8).
86 Dies gilt auch für den Transfer von Sicherheitsdaten in Drittländer außerhalb der EU wie im Falle des Fluggastdatenabkommens mit den USA (vgl. Bundesministerium des Inneren 2007).
87 Dieser Politikbereich war diesem Zeitpunkt unter dem Titel IV des EUV-Nizza ausgestaltet.
88 Der Rahmenbeschluss 2008/977/JI ist abrufbar unter: <http://eur-lex.europa.eu/LexUriServ/LexUriServ.do?uri=OJ:L:2008:350:0060:01:DE:HTML> Zuletzt abgerufen am 1.8.2012.

## 6.8.2 Inhalt von Art. 8 GRC

Unter der Überschrift "Schutz personenbezogener Daten" legt Art. 8 GRC fest:

> "(1) Jede Person hat das Recht auf Schutz der sie betreffenden personenbezogenen Daten.
>
> (2) Diese Daten dürfen nur nach Treu und Glauben für festgelegte Zwecke und mit Einwilligung der betroffenen Person oder auf einer sonstigen gesetzlich geregelten legitimen Grundlage verarbeitet werden. Jede Person hat das Recht, Auskunft über die sie betreffenden erhobenen Daten zu erhalten und die Berichtigung der Daten zu erwirken.
>
> (3) Die Einhaltung dieser Vorschriften wird von einer unabhängigen Stelle überwacht." (Art. 8 GRC)

Abs. 1 statuiert den allgemeinen Grundsatz des Schutzes personenbezogener Daten, während Abs. 2 ergänzend Vorgaben zu Qualität und Sicherheit (Grundsatz von Treu und Glauben und Zweckbindung), Zulässigkeit (Einwilligungserfordernis bzw. Erfordernis legitimer Grundlage) und Transparenz (Auskunftsrecht, Berichtigungsanspruch) spezifiziert und damit klarstellt, unter welchen Bedingungen Eingriffe in den allgemeinen Grundsatz nach Abs. 1 überhaupt gerechtfertigt werden können. Das Erfordernis unabhängiger Kontrollstellen in Abs. 3 dient dazu, sicherzustellen, dass alle diese Vorgaben eingehalten werden (Gola/Klug 2010: 2487). Zu beachten ist dabei, dass für alle Eingriffe in das Datenschutzgrundrecht nach Art. 8 I GRC ein allgemeiner Verhältnismäßigkeitsgrundsatz gilt, nach dem Einschränkungen nur unter "Wahrung des Grundsatzes der Verhältnismäßigkeit [...] vorgenommen werden [dürfen], wenn sie erforderlich sind und den von der Union anerkannten dem Gemeinwohl dienenden Zielsetzungen oder den Erfordernissen des Schutzes der Rechte und Freiheiten anderer tatsächlich entsprechen" (Art. 52 I 2 GRC). Zu prüfen ist damit jeweils, ob der Eingriff geeignet ist, das damit verbundene Ziel – Schutz eines öffentlichen Interesses oder der subjektiven Rechte anderer – zu erreichen, es kein eingriffssensitiveres, gleich geeignetes Mittel gibt und ob der Zweck des Eingriffs zu dessen Intensität in Bezug auf das Grundrecht auf Datenschutz nicht außer Verhältnis steht (vgl. Frenz 2009: RN 732-765).

Den inhaltlichen Umfang des europäischen Datenschutzgrundrechts näher zu konkretisieren fällt aufgrund der bislang sehr geringen Zahl entsprechender Entscheidungen des EuGH, der für die Auslegung und Anwendung der europäischen Grundrechte zuständig ist, schwer. Bisher hat sich der EuGH nur in acht Entscheidungen mit dem Grundrecht auf Schutz personenbezogener Daten beschäftigt

(EuGH, verb. Rs. C-465/00 und C-138/01 und C-139/01 – *ORF*; EuGH, Rs. C 101/01 – *Lindqvist*; EuGH, Rs. C-275/06 – *Promusicae;* EuGH, Rs. C-73/07 – *Markkinapörrsi;* EuGH, Rs. C-518/07 – *EU-Kommission gegen Deutschland,* EuGH, Rs. C-28/08 – *Bavarian Lager;* EuGH, verb. Rs. C-92/09 und C-93/09 – *Scheck GbR und Eifert gegen Land Hessen;* EuGH, Rs. C-70/10 – *Scarled Extended*), wobei sich die europäischen Gerichte eng an die Rechtsprechung des EGMR zu Art. 8 EMRK angelehnt haben (Britz 2008: 10f.; EuGH, verb. Rs. C-92/09 und C-93/09 – *Scheck GbR und Eifert gegen Land Hessen,* RN 45 ff.). Zudem dient den europäischen Gerichten der durch die DSRL vorgegebene Individualdatenschutzstandard (s. o. 6.3.2), wie es auch der Normgeber in seinen Erläuterungen zu Art. 8 GRC vorgesehen hat, als Richtschnur für die Auslegung des Art. 8 GRC (vgl. Europäische Union 2007: Erläuterungen zu Artikel 8; Britz 2008: 11f.). Daher wird das weite Verständnis der DSRL von 'personenbezogenen Daten', welches keinen weiteren inhaltlichen Bezug der in den Daten abgebildeten Informationen zu Privat- oder Intimleben voraussetzt, bisher vom EuGH übernommen (Britz 2008: 14f.). Ungeklärt, für den untersuchten Zusammenhang aber ohne weitere Bedeutung, ist im Einzelnen, inwieweit sich neben natürlichen Einzelpersonen bzw. Bürgern auch juristische Personen (also Unternehmen, Vereinigungen etc.) auf Art. 8 GRC berufen können (Bernsdorff 2010: Art. 8 RN 18; siehe dazu: EuGH, verb. Rs. C-92/09 und C-93/09 – *Scheck GbR und Eifert gegen Land Hessen,* RN 47 ff., 53).

*6.8.3 Der Rahmenbeschluss 2008/977/JI: Anwendungsbereich und Grundzüge der inhaltlichen Regelungen*

Der Rahmenbeschluss 2008/977/JI, welcher der Angleichung der Verwaltungsvorschriften der Mitgliedsstaaten dient, ist gemäß Art. 1 II RB 2008/977/JI anwendbar, wenn personenbezogene Daten "zum Zweck der Verhütung, Ermittlung, Feststellung oder Verfolgung von Straftaten oder der Vollstreckung strafrechtlicher Sanktionen" zwischen den Mitgliedsstaaten, von Mitgliedsstaaten an beteiligte EU-Einrichtungen oder in die andere Richtung übertragen werden. Die Begriffsdefinitionen des Art. 2 RB 2008/977/JI entsprechen denen der bereits vorher erlassenen europäischen Rechtsakte zum Datenschutz.

*Zulässigkeit:* Art. 3 RB 2008/977/JI enthält die schon bekannten Grundsätze des europäischen Datenschutzrechts, nach denen die Verarbeitung rechtmäßig und zweckgebunden erfolgen muss. Der Zweck muss dabei grundsätzlich bei der Datenerhebung festgelegt werden, eine Verarbeitung zu anderen Zwecken ist nur in eng begrenzten Ausnahmefällen möglich.[89] Besonders eingeschränkt ist – wie

---

89 Die Verarbeitung darf dem ursprünglichen Zweck nicht widersprechen, die Behörde muss hierzu

schon im allgemeinen europäischen Datenschutzrecht – die Zulässigkeit der Verarbeitung besonders sensibler Daten, die etwa Informationen über religiöse Überzeugungen oder ethische Herkunft enthalten (Art. 6 RB 2008/977/JI). Zudem enthält der Rahmenbeschluss in Art. 7 RB 2008/977/JI eine Beschränkung der Zulässigkeit automatisierter Einzelentscheidungen mit nachteiligen Folgen für die Betroffenen. Eine solche darf nur auf gesetzlicher Grundlage, welche die Interessen der Betroffenen schützen, erfolgen.

*Qualität:* Nach Art. 4, 5, 8 RB 2008/977/JI besteht eine Pflicht der Behörden in regelmäßigen Abständen und insbesondere vor deren Übermittlung die Datenbestände zu prüfen und unrichtige Daten zu berichtigen (Abs. 1), sowie nicht mehr erforderliche Daten zu löschen oder zu anonymisieren (Abs. 2), sofern dies nicht den Interessen der betroffenen Person entgegenläuft. In diesem Fall sind die Daten lediglich für die weitere Verarbeitung zu sperren (Abs. 3).

*Sicherheit:* In Bezug auf die Sicherheit der Datenverarbeitung enthält der Rahmenbeschluss in Art. 22 RB 2008/977/JI umfangreiche Vorgaben insbesondere für die (in der Praxis besonders relevante) automatisierte Verarbeitung, mit denen die Daten gegen unbeabsichtigte oder unerlaubte Zerstörung, Weitergabe oder unerlaubten Zugriff geschützt werden sollen und die sich auch auf Auftragsverarbeiter erstrecken.

*Transparenz:* Die Übermittlung von Daten ist von den Beteiligten stets zu dokumentieren und die Dokumentation den zuständigen Kontrollstellen zu übermitteln (Art. 10 RB 2008/977/JI). Betroffene Personen sind grundsätzlich über die Verarbeitung der sie betreffenden Daten zu informieren (Art. 16 I RB 2008/977/JI). Die objektiven Vorgaben hinsichtlich der Qualität der Datenverarbeitung werden von den schon bekannten subjektiven Ansprüchen der betroffenen Personen auf Auskunft über die Verarbeitung (Art. 17 RB 2008/977/JI), auf Berichtigung, Löschung oder Sperrung (Art. 18 RB 2008/977/JI), auf Schadenersatz (Art. 19

---

befugt sein und die Verarbeitung muss notwendig und verhältnismäßig sein (Art. 3 II RB 2008/977/JI). Eine weitere Ausnahme gilt gemäß Art. 3 III RB 2008/977/JI für die Verarbeitung zu historischen, wissenschaftlichen oder statistischen Zwecken. Ergänzt werden diese Vorgaben in Art. 11 RB 2008/977/JI durch spezielle Vorschriften, welche sich an Behörden von Empfängerstaaten richten und die Weiterverarbeitung empfangener Daten betreffen und diese etwa zur Verfolgung anderer Straftaten, als derer, in deren Zusammenhang die Daten erhoben wurden, erlauben (Art 11 lit. a RB 2008/977/JI). Bei der Verarbeitung von Daten haben die Empfängerstaaten Verarbeitungsbeschränkungen des Sendestaates zu beachten (Art. 12 RB 2008/977/JI). Die Weiterleitung von empfangenen Daten an Drittstaaten oder internationale Organisationen ist grundsätzlich nur unter Beachtung der Zweckbindung, nach Zustimmung des Ursprungsstaates und, wenn der Empfänger ein angemessenes Schutzniveau gewährleistet, möglich (Art. 13 RB 2008/977/JI). Ebenso ist die Weiterleitung von Daten an nicht-öffentliche Stellen im Empfängerstaat grundsätzlich nur bei Zustimmung der Ausgangsbehörde, fehlender entgegenstehender schutzwürdiger Interessen der betroffenen Personen und einem einschlägigen zweckbezogenen Grund i. S. d. Art. 14 RB 2008/977/JI möglich.

RB 2008/977/JI) sowie auf Rechtsbehelfe (Art. 20 RB 2008/977/JI) und die Möglichkeit der Eingabe bei einer Kontrollstelle (Art 25 III RB 2008/977/JI) flankiert. Zudem sieht der Rahmenbeschluss die Einrichtung unabhängiger nationaler Kontrollstellen, die in ihren Aufgaben und Befugnissen mit den bekannten datenschutzrechtlichen Aufsichtsbehörden vergleichbar sind, vor (Art. 25 RB 2008/977/JI).

### 6.8.4 *Analyse im Hinblick auf die Erfüllung der theoretischen Anforderungsprofile*

Während Art. 8 GRC keine eigenständige Zweckdefinition enthält, findet sich eine solche im Rahmenbeschluss 2008/977/JI:

> "(1) Zweck dieses Rahmenbeschlusses ist es, einen hohen Schutz der Grundrechte und Grundfreiheiten natürlicher Personen und insbesondere ihres Rechts auf Privatsphäre hinsichtlich der Verarbeitung personenbezogener Daten im Rahmen der polizeilichen und justiziellen Zusammenarbeit in Strafsachen gemäß Titel VI des Vertrags über die Europäische Union *sowie gleichzeitig* ein hohes Maß an öffentlicher Sicherheit zu gewährleisten." (Art. 1 I RB 2008/977/JI, Hervorhebung nicht im Original)

Verbunden werden hierin die zwei Regulierungsziele des effektiven Schutzes der Grundrechte und Grundfreiheiten und somit des Individualdatenschutzes und der öffentlichen Sicherheit. Eine Abstufung zwischen den beiden Zielen nimmt der Normgeber nicht vor.

Durch das Inkrafttreten von Art. 8 GRC und den Rahmenbeschluss 2008/977/JI ist es zu einer Ausdehnung des Anwendungsbereichs des europäischen Grundrechtsschutzes personenbezogener Informationen auf den Bereich der Polizei und Justiz gekommen. Vorher galt hier die Bereichsausnahme des Art. 3 II DSRL.

Inhaltliche Veränderungen der europarechtlichen Behandlung personenbezogener Informationen sind dagegen bisher nicht zu erkennen, da sich der EuGH bei der Anwendung von Art. 8 GRC, wie gesehen, bisher weitgehend am sekundärrechtlichen Datenschutzrecht orientiert und auch der Rahmenbeschluss 2008/977/JI inhaltlich diesem Leitbild folgt:

**Tab. 10: Veränderung des europarechtlichen Individualdatenschutzstandards (IDS) durch Art. 8 GRC und Rahmenbeschluss 2008/977/JI**

| | Stand nach der VorrD-RL (RL 2006/24/EG)* | Stand mit Art. 8 GRC und RB 2008/977/JI |
|---|---|---|
| Anwendungsbereich | automatisch oder in Datei gespeicherte *personenbezogene Daten* auch bei Organen und Einrichtungen der EG bzw. EU Bereichsausnahme in der DSRL: u. a. Polizei, Justiz, Familie | *Ausdehnung:* Erweiterung des europäischen IDS auf Polizei, Justiz, Militär etc. gesonderte Regeln für den Bereich Kriminalitätsprävention, Strafverfolgung, Strafvollstreckung |
| **Kategorie:** | | |
| Zulässigkeit | - Einwilligungserfordernis<br>- alternativ: Vorliegen eines definierten Zulässigkeitsgrundes, z. B. Vorratsdatenspeicherung<br>- verstärkter Schutz besonders sensibler Daten<br>- begrenzte Zulässigkeit automatisierter Einzelentscheidungen<br>- Schutz von Daten auf Endgeräten<br>- Vorratsdatenspeicherungspflicht für min. 6 Monate<br>- Zugriffsrecht staatlicher Behörden auf Vorratsdaten<br>- Anforderungen von DSRL und DSRL-eK bei Vorratsdatenspeicherung großteilig außer Kraft | *keine Veränderung:* RB 2008/977/JI definiert eigene Zulässigkeitsgründe wie Zweck der Kriminalitätsprävention oder Strafverfolgung |
| Qualität | - Zweckfestsetzungserfordernis: rechtmäßig, eindeutig<br>- speziell in VorrD-RL: Zweck der Bestimmbarkeit der Nutzer<br>- allgemeiner Grundsatz von Treu und Glauben<br>- Erfordernis sachlicher Richtigkeit<br>- Aktualisierungserfordernis | *keine Veränderung* |
| Sicherheit | - Erfordernis der Anweisung des verarbeitenden Personals<br>- Schutzvorkehrungserfordernis vor Verlust, Änderung etc. | *keine Veränderung* |
| Transparenz | - Auskunftsverpflichtungen/-anspruch<br>- Berichtigungs-, Sperrungs- und Löschungsanspruch bei Verstoß gegen RL<br>- Widerspruchsrecht aus berechtigtem Grund<br>- Rechtsbehelfsgarantie<br>- Schadensersatzanspruchsgarantie | *keine Veränderung* |

| Einschränkung | - Recht auf Rufnummernunterdrückung<br>- Einwilligungserfordernis bei Einträgen in Teilnehmerverzeichnisse<br>- Einrichtung einer unabhängigen europäischen Kontrollstelle<br>- Anforderungen von DSRL und DSRL-ek bei Vorratsdatenspeicherung großteilig außer Kraft<br>Einschränkungsmöglichkeiten aus Gründen des Staatsschutzes, der Strafrechtspflege, besonderer Interessen etc.<br>Im Bereich elektr. Kommunikation: Erforderlichkeits- und Angemessenheitsprüfung | *keine Veränderung* |
|---|---|---|

Quelle: eigene Darstellung, * Die Übersicht fasst den Stand des IDS nach der DSRL (RL 95/46/EG), Art. 286 EGalt, der VO Nr. 45/2001, der DSRL-eK (RL 2002/58/EG) und der VorrD-RL (RL 2006/24/EG) zusammen.

Mit dem Grundrecht auf Datenschutz aus Art. 8 GRC und dem Rahmenbeschluss 2008/977/JI kommt es also zu einer Ausdehnung des Anwendungsbereichs des europarechtlichen Datenschutzes auch auf Datenverarbeitungsprozesse u. a. durch Polizei- und Justizbehörden, was der liberalen und insbesondere der libertären Forderung nach einem starken Abwehrrecht gegen staatliche Eingriffe entspricht, wobei das Grundrecht aus Art. 8 GRC – wie gesehen – jedoch nicht absolut gilt, sondern unter dem Vorbehalt der Verhältnismäßigkeit eingeschränkt werden kann.

Die bereichsspezifischen Vorschriften, die der RB 2008/977/JI für seinen vergleichsweise begrenzten Anwendungsbereich trifft, entsprechen zudem grundsätzlich dem sphärentheoretischen Anforderungsprofil.

### 6.9 Analyse der 'e-Privacy'-Richtlinie RL 2009/136/EG

Zum 19.12.2009 ist mit der RL 2009/136/EG (ePriv-RL) eine umfangreiche Revision des europäischen Rechtsrahmens zur Telekommunikation und damit auch der DSRL-eK in Kraft getreten.[90] Die Umsetzungsfrist für die Mitgliedsstaaten lief im Hinblick auf die datenschutzrechtlichen Aspekte bis zum 25.5.2011. Bisher ist Deutschland seiner Pflicht zur Umsetzung jedoch nicht nachgekommen (BT-Drucks 17/6561).

---

90 Die *Richtlinie 2009/136/EG - Reformierter TelekomRR -"e-Privacy"-RL* ist abrufbar unter: <http://eur-lex.europa.eu/LexUriServ/LexUriServ.do?uri=OJ:L:2009:337:0011:01:DE:HTML> Zuletzt abgerufen am 1.8.2012.

*6.9.1 Definitionen und Anwendungsbereich*

Die 'e-Privacy'-Richtlinie ist eine Änderungsrichtlinie zur Reform der Datenschutzrichtlinie für elektronische Kommunikation und operiert daher mit denselben Begriffen und hat denselben Anwendungsbereich (s. o. 6.6.1).[91]

*6.9.2 Grundzüge der inhaltlichen Regelungen*

Die Reformrichtlinie führt wie schon die VorrD-RL zu wesentlichen Änderungen in der DSRL-eK:

*Zulässigkeit:* Die Vorschriften zum Schutz vor Späh- und Schadsoftware und die Reglementierung von 'Cookies' in Art. 5 III DSRL-eK werden dahingehend verschärft, dass Zugriff und Erhebung von Daten auf Endgeräten nur noch erlaubt sind, wenn der Betroffene zuvor hierin eingewilligt hat (Gola/Klug 2010: 2488).

*Qualität:* Bei den Anforderungen an die Güte der Verarbeitungsprozesse führt die ePriv-RL zu keinen inhaltlichen Veränderungen.

*Sicherheit:* Die Anforderungen im Hinblick auf die Sicherheit der Datenverarbeitung werden deutlich verschärft. Dazu wird der Tatbestand einer "Verletzung des Schutzes personenbezogener Daten" (neuer Art. 2 lit. h DSRL-eK) eingeführt. Dieser ist gegeben, wenn es zu einer Sicherheitsverletzung bei demjenigen kommt, der Daten gespeichert hat, die zu einer unbeabsichtigten oder unrechtmäßigen Vernichtung oder Veränderung der Daten führt (neuer Art. 2 lit. h DSRL-eK). Zudem werden die Sicherungsanforderungen an die Diensteanbieter eindeutiger definiert und damit die Anforderungen an die schon mehrfach erwähnten 'geeigneten Maßnahmen' näher spezifiziert. So muss der Diensteanbieter nach dem neuen Art. 4 Ia DSRL-eK für die Verarbeitung personenbezogener Daten sicherstellen, dass der Zugang zu personenbezogenen Daten auf hierzu ermächtigte Personen beschränkt bleibt, dass die "personenbezogenen Daten vor unbeabsichtigter [...] Zerstörung, unbeabsichtigtem Verlust, oder unbeabsichtigter Veränderung" (neuer Art. 4 Ia DSRL-eK) geschützt sind und dass ein Sicherheitskonzept für die Verarbeitung erstellt und umgesetzt wird (neuer Art. 4 Ia DSRL-eK).

*Transparenz:* Für die Fälle einer "Verletzung des Schutzes personenbezogener Daten" (neuer Art. 2 lit. h DSRL-eK) wird gemäß Art. 2 Nr. 4 lit. c ePriv-RL der Art. 4 DSRL-eK in einem neuen Abs. 3 um eine Informationspflicht des Anbieters gegenüber der nationalen Kontrollbehörde ergänzt. Wenn in einem solchen Fall anzunehmen ist, dass die Privatsphäre des Betroffenen beeinträchtigt wird, ist der Betroffene selbst ebenfalls vom Betreiber über die Verletzung zu informieren (neu-

---

91 Die leichten Anpassungen der Definition von Standortdaten in Art. 2 Nr. 2 ePriv-RL bringen in der Sache keine Veränderung.

er Art. 4 III DSRL-eK). Zudem ist ein Verzeichnis der Verletzungen des Schutzes personenbezogener Daten zu führen (neuer Art. 4 IV DSRL-eK).[92]

Schließlich werden die Vorgaben bezüglich der Durchsetzung und Kontrolle der Datenschutzvorschriften der DSRL-eK durch die nationalen Behörden in einem neuen Art. 15a DSRL-eK präzisiert und zugleich deutlich ausgeweitet. Die Mitgliedsstaaten haben jetzt dafür zu sorgen, dass den Kontrollbehörden ein wirksames, verhältnismäßiges und abschreckendes Sanktionsinstrumentatrium zur Verfügung steht (neuer Art. 15a I DSRL-eK), und dass diese auch mit den für die Anwendung dieser Sanktionen notwendigen Untersuchungsbefugnissen und Mittel ausgestattet sind (neuer Art. 15a III DSRL-eK). Die europäische Kommission überwacht die Einhaltung dieser Vorgaben (neuer Art. 15a IV DSRL-eK).

### 6.9.3 Analyse im Hinblick auf die Erfüllung der theoretischen Anforderungsprofile

Im Vergleich zur Ausgangsversion der Datenschutzrichtlinie für elektronische Kommunikation fällt zunächst auf, dass die Zieldefinition durch die 'e-Privacy'-Richtlinie eine Änderung erfährt:

> "Diese Richtlinie *sieht* die Harmonisierung der Vorschriften der Mitgliedstaaten *vor*, die erforderlich sind, um einen gleichwertigen Schutz der Grundrechte und Grundfreiheiten, insbesondere des Rechts auf Privatsphäre und *Vertraulichkeit*, in Bezug auf die Verarbeitung personenbezogener Daten im Bereich der elektronischen Kommunikation sowie den freien Verkehr dieser Daten und von elektronischen Kommunikationsgeräten und -diensten in der Gemeinschaft zu gewährleisten." (Art. 3 Nr. 1 ePriv-RL, Hervorhebung nicht im Original)

Ergänzt wurde die Zielsetzungsdefinition somit um den Begriff 'Vertraulichkeit' zur Beschreibung des Schutzzwecks. Der Schutz der individuellen Kommunikations- und personenbezogenen Informationsgehalte wird hierdurch nochmals besonders als Regelungsziel hervorgehoben. Zudem 'dient' die Richtlinie nicht mehr nur

---

92 Der deutsche Gesetzgeber hat in der (größtenteils) zum 1.9.2009 in Kraft getretenen BDSG-Novelle II neben vielen anderen den Individualdatenschutz des Bürgers fördernden Maßnahmen in § 42a BDSG auch eine Informationspflicht gegenüber dem Betroffen eingeführt, wenn der Verpflichtete von dessen Daten unrechtmäßig Kenntnis erlangt hat. Diese Verpflichtung folgt den in den USA bereits seit langem gesetzlich verankerten Vorschriften zur sog. 'Data Breach Notification' (Moos 2010: 169). Allerdings bleibt diese Informationspflicht hinter den Anforderungen der RL 2009/136/EG in Art 2 Nr. 1 und 4, in denen Informationspflichten für alle Fälle der Verletzung des Schutzes personenbezogener Daten, also auch für reine Sicherheitsverletzungen, die zu einer unbeabsichtigten Veränderung der Daten führen, statuiert werden, deutlich zurück. Folglich wären bis zum Ablauf der Umsetzungsfrist am 25.5.2011 weitere Anpassungen des deutschen Datenschutzrechts im Hinblick auf die Informationspflichten erforderlich gewesen (ebd.: 169 f.). Eine Umsetzung der ePriv-RL ist bis dato (August 2012) aber noch nicht erfolgt (BT-Drucks 17/6561).

der Harmonisierung der Rechtsvorschriften, sie 'sieht' sie jetzt vielmehr 'vor'. Dies bringt den Anspruch stärkerer Bindungswirkung zum Ausdruck.

Diesem ersten Hinweis auf die Stärkung des Individualdatenschutzes durch die ePriv-RL entspricht auch die Analyse der materiellen Regelungen:

**Tab. 11: Veränderung des europarechtlichen Individualdatenschutzstandards (IDS) durch die RL 2009/136/EG**

| | Stand nach Art. 8 GRC und RB 2008/977/JI | Stand mit ePriv-RL (RL 2009/136/EG) |
|---|---|---|
| Anwendungsbereich | automatisch oder in Datei gespeicherte *personenbezogene Daten* auch bei Organen und Einrichtungen der EG bzw. EU auch bei Polizei, Justiz, Militär etc. | *keine Veränderung* Anwendung der ePriv-RL im Bereich der elektronischen Kommunikation |
| **Kategorie:** | | |
| Zulässigkeit | - Einwilligungserfordernis<br>- alternativ: Vorliegen eines definierten Zulässigkeitsgrundes, z. B. Vorratsdatenspeicherung<br>- verstärkter Schutz besonders sensibler Daten<br>- begrenzte Zulässigkeit automatisierter Einzelentscheidungen<br>- Schutz von Daten auf Endgeräten<br>- Vorratsdatenspeicherungspflicht für min. 6 Monate<br>- Zugriffsrecht staatlicher Behörden auf Vorratsdaten<br>- Anforderungen von DSRL und DSRL-eK bei Vorratsdatenspeicherung großteilig außer Kraft | *Stärkung des IDS:* besonderes Einwilligungserfordernis vor Zugriff auf Daten auf Endgeräten |
| Qualität | - Zweckfestsetzungserfordernis: rechtmäßig, eindeutig<br>- speziell in VorrD-RL: Zweck der Bestimmbarkeit der Nutzer<br>- allgemeiner Grundsatz von Treu und Glauben<br>- Erfordernis sachlicher Richtigkeit<br>- Aktualisierungserfordernis | *keine Veränderung* |
| Sicherheit | - Erfordernis der Anweisung des verarbeitenden Personals<br>- Schutzvorkehrungserfordernis vor Verlust, Änderung etc. | *Stärkung des IDS:*<br>- Tatbestand der Schutzverletzung<br>- umfassende Definition von Sicherheitsstandards |
| Transparenz | - Auskunftsverpflichtungen/-anspruch<br>- Berichtigungs-, Sperrungs- und Löschungsanspruch bei Verstoß gegen RL | *Stärkung des IDS:*<br>- Informationspflichten bei Schutzverletzung<br>- Dokumentationspflicht über Schutzverletzungen |

|  |  |  |
|---|---|---|
|  | - Widerspruchsrecht aus berechtigtem Grund<br>- Rechtsbehelfsgarantie<br>- Schadensersatzanspruchsgarantie<br>- Recht auf Rufnummernunterdrückung<br>- Einwilligungserfordernis bei Einträgen in Teilnehmerverzeichnisse<br>- Einrichtung einer unabhängigen europäischen Kontrollstelle<br>- Anforderungen von DSRL und DSRL-eK bei Vorratsdatenspeicherung großteilig außer Kraft | - Verpflichtung zur Stärkung der nationalen Kontrollbehörden |
| **Einschränkung** | Einschränkungsmöglichkeiten aus Gründen des Staatsschutzes, der Strafrechtspflege, besonderer Interessen etc.<br>Im Bereich elektr. Kommunikation: Erforderlichkeits- und Angemessenheitsprüfung | *keine Veränderung* |

Quelle: eigene Darstellung, * Die Übersicht fasst den Stand des IDS nach der DSRL (RL 95/46/EG), Art. 286 EGalt, der VO Nr. 45/2001, der DSRL-eK (RL 2002/58/EG), der VorrD-RL (RL 2006/24/EG), Art. 8 GRC und Rahmenbeschluss 2008/977/JI zusammen.

Die ePriv-RL hat – wie schon die DSRL-Telekom, die DSRL-ek und die VorrD-RL – einen spezifischen Anwendungsbereich und entspricht damit in dieser Hinsicht dem sphärentheoretischen Anforderungsprofil. Während es bei den Vorgaben zur Qualität der Datenverarbeitung zu keinen Veränderungen durch die 'e-Privacy'-Richtlinie kommt, führt sie in den Kategorien Sicherheit, Zulässigkeit und Transparenz zu einer deutlichen Stärkung des Individualdatenschutzes. Dass nun eine besondere Einwilligung des Betroffenen vor dem Zugriff auf Daten auf seinen Endgeräten erforderlich ist, entspricht sowohl dem liberalen als auch dem libertären Anforderungsprofil, da aufgrund der technischen Gegebenheiten der Bürger zuvor in den allermeisten Fällen nicht erkennen konnte, dass seine Daten auf diese Weise erhoben werden (s. o. 6.6.3). Das besondere Einwilligungserfordernis gibt ihm auf theoretischer Ebene die Kontrolle über seine personenbezogenen Informationen in diesem Bereich zurück und stärkt so seine informationelle Selbstbestimmung. Darüber hinaus führt das Einwilligungserfordernis dazu, dass der Verarbeiter die geplanten Vorgänge gegenüber dem Betroffenen offenlegen muss. Damit verbessert sich dessen Verhandlungsposition, er kann seine Zustimmung zur Datenverarbeitung gegen Dienstleistungsangebote der Datenverarbeiter eintauschen.[93] Die erweiterten rechtlichen Sicherheitsanforderungen, die an die Datenverarbeiter gestellt werden, sowie der Tatbestand der Datenschutzverletzung mit seinen weitreichenden Rechtsfolgen hingegen gehen über die Absicherung gleichwertiger Voraussetzungen für die Aushandlung der Datenschutzregeln zwischen den Beteiligten hinaus. Auch die Erweiterung der Kontroll- und Eingriffsmöglichkeiten der Behörden entsprechen nur dem liberalen Anforderungsprofil, da sie fehlende faktische Möglichkeiten des Einzelnen die Achtung seines informationellen Selbstbestimmungsrechts zu überwachen, ausgleichen.

### 6.10 Analyse des Vorschlags der EU Kommission für einen neuen Datenschutzrechtsrahmen

Am 25.1.2012 hat die Kommission Entwürfe für einen von Grund auf reformierten Datenschutzrechtsrahmen veröffentlicht. Dieser soll im Wesentlichen aus zwei Teilen bestehen: Einer EU-Datenschutzgrundverordnung (DS-GrundVO)[94], welche die allgemeinen Grundsätze für Datenverarbeitungsvorgänge in der EU regeln soll, sowie einer Richtlinie für die Datenverarbeitung im Rahmen von Kriminalitätsprävention, Strafverfolgung und Strafvollstreckung (Straf-DSRL)[95].

Folgerichtig sollen die DS-GrundVO und die Straf-DSRL jeweils ihre Vorgängernormierungen (DSRL und Rahmenbeschluss 2008/977/JI) ersetzen (vgl. Art. 88 I DS-GrundVO bzw. Art. 58 I Straf-DSRL).

Derzeit handelt es sich also um bloße Vorschläge der Kommission, die den Auftakt zum europäischen Normerlassverfahren gemäß Art. 16 II AEUV bilden. Es ist mit einem langwierigen Prozess bis zur Verabschiedung des neuen Datenschutzrechtsrahmens zu rechnen, in dem die einzelnen Vorschriften sehr wahrscheinlich

---

93 Wie sich das besondere Einwilligungserfordernis in der deutschen Praxis auswirken wird, ist derzeit, da die Richtlinie bisher in Deutschland (immer) noch nicht umgesetzt wurde, nicht absehbar. Erwartet werden darf allerdings, dass sich eine konkludente Form der Einwilligungserteilung z. B. über die entsprechende Voreinstellung von Browsersoftware durch den Nutzer durchsetzen wird. Dies wird in der ePriv-RL ausdrücklich für zulässig erklärt (Gola/Klug 2010: 2488).
94 Der Kommissionsvorschlag (KOM(2012) 11 endgültig) für die Verordnung des Europäischen Parlaments und des Rates zum Schutz natürlicher Personen bei der Verarbeitung personenbezogener Daten und zum freien Datenverkehr (Datenschutz-Grundverordnung) (DS-GrundVO) ist abrufbar unter: <http://ec.europa.eu/justice/data-protection/document/review2012/com_2012_11_de.pdf>. Zuletzt abgerufen am 1.8.2012.
95 Der Kommissionsvorschlag für die Richtlinie des Europäischen Parlaments und des Rates zum Schutz natürlicher Personen bei der Verarbeitung personenbezogener Daten durch die zuständigen Behörden zum Zwecke der Verhütung, Aufdeckung, Untersuchung oder Verfolgung von Straftaten oder der Strafvollstreckung sowie zum freien Datenverkehr (Straf-DSRL) ist abrufbar unter: <http://eur-lex.europa.eu/LexUriServ/LexUriServ.do?uri=CELEX:52012PC0010:de:NOT>. Zuletzt abgerufen am 1.8.2012.

noch in großen Teilen an die Wünsche der sonstigen Beteiligten wie des Europäischen Rats und des Europäischen Parlaments angepasst werden.[96] Zudem enthält die DS-GrundVO in Art. 91 II einen Anwendungsaufschub um zwei Jahre nach dem Zeitpunkt ihres Inkrafttretens.[97]

### 6.10.1 Die Datenschutz-Grundverordung: Definitionen und Anwendungsbereich

Hinsichtlich der grundlegenden Normierung zum Datenschutz hat sich die Kommission dazu entschieden, als regulatives Mittel statt auf eine Richtlinie auf eine Verordnung zu setzen (vgl. FN 40). Als Grund für diesen Wechsel gibt die Kommission an, dass eine Evaluation der Umsetzung der DSRL einen immer noch erheblichen Grad an Rechtszersplitterung im EU-weiten Vergleich ergeben habe, so dass der Wechsel zu einer unmittelbar und direkt anwendbaren Verordnung zu einem Gewinn an Rechtssicherheit für alle Beteiligten an Datenverarbeitungsprozessen führen würde (DS-GrundVO: 6; vgl. Lang 2012: 145).

Entsprechend dem Anspruch der Kommission mit der DS-GrundVO eine neue Grundlage für das gesamte Datenschutzrecht der EU zu legen enthält der Vorschlag einige Anpassungen der bisher gebräuchlichen Definitionen der DSRL. So wird in Art. 4 Nr. 1 DS-GrundVO erstmals der Terminus der "betroffenen Person" definiert, bei der es sich um die natürliche Person handelt, auf die verarbeitete Daten so verweisen, dass die Identität der Person direkt oder indirekt bestimmt werden kann (vgl. dazu Lang 2012: 146). Daneben bleibt es im Wesentlichen bei der schon aus der DSRL bekannten weiten Definition von "Datenverarbeitung" (vgl. Art. 4 Nr. 3 DS-GrundVO).

Eine erhebliche Änderung erfährt hingegen die Definition von "Einwilligung der betroffenen Person" in Art. 4 Nr. 8 DS-GrundVO. Diese wird ergänzt um das Erfordernis einer "explizite(n) Willensbekundung in Form einer Erklärung oder einer sonstigen eindeutigen Handlung, mit der die betroffene Person zu verstehen gibt, dass sie mit der Verarbeitung (...) einverstanden ist". Damit stellt es keine Einwilligung im Sinne der DS-GrundVO dar, wenn die betroffene Person die Verarbeitung einfach stillschweigend bzw. konkludent akzeptiert, was bisher hierfür ausreichend war.

---

96 Ein zusammenfassender Überblick (in englischer Sprache) über das ordentliche Normerlassverfahren findet sich unter: <http://www.europarl.europa.eu/aboutparliament/en/0080a6d3d8/Ordinary-legislative-procedure.html> Zuletzt abgerufen am 1.8.2012.
97 Die Straf-DSRL enthält analog eine zweijährige Frist zur Umsetzung der Richtlinie in das jeweilige nationale Recht der Mitgliedsstaaten (Art. 62 I Straf-DSRL).

Zuletzt werden in Nr. 10-12 "genetische Daten", "biometrische Daten" und "Gesundheitsdaten" jeweils als eigenständige Kategorien von Daten definiert.
Auch hinsichtlich des Anwendungsbereichs enthält die DS-GrundVO erhebliche Anpassungen. So wird zwischen sachlichem und räumlichem Anwendungsbereich unterschieden. Der sachliche Anwendungsbereich wird in Art. 2 DS-GrundVO ähnlich wie in der DSRL nach dem Regel-Ausnahme-Prinzip abgesteckt. So ist die DS-GrundVO nach Abs. 1 wie die DSRL grundsätzlich auf alle Datenverarbeitungsvorgänge – ob nun analog oder digital – anwendbar. In Abs. 2 werden wiederum Ausnahmen von diesem Grundsatz statuiert. Die DS-GrundVO soll demnach u. a. keine Anwendung finden auf die Verarbeitung von Daten durch EU Organe und Behörden (lit. b)[98], durch natürliche Personen zu ausschließlich persönlichen oder familiären Zwecken – wobei diese Bereichsausnahme nun um das Erfordernis fehlender Gewinnerzielungsabsicht ergänzt wird (lit. d) – sowie auf Datenverarbeitungen im Bereich der Strafprävention und -verfolgung (lit. e).[99] Art. 3 DS-GrundVO enthält ergänzend die Definition des räumlichen Anwendungsbereichs. So ist die DS-GrundVO nach Abs. 1 anwendbar, wenn in der EU niedergelassene Verantwortliche oder Auftragsverarbeiter tätig werden. Abs. 2 dehnt den Anwendungsbereich aber auch auf außerhalb der EU ansässige Verarbeiter aus, sofern diese Daten von in der EU ansässigen Personen verarbeiten, um diesen Waren oder Dienstleistungen anzubieten oder deren Verhalten zu beobachten.

*6.10.2 Grundzüge der inhaltlichen Regelungen der Datenschutz-Grundverordnung*

*Zulässigkeit:* Während Art. 5 DS-GrundVO im Grunde bereits bekannte allgemeine Grundsätze für die Datenverarbeitung wie der Grundsatz von Treu und Glauben und das Rechtmäßigkeitserfordernis (lit. a), das Zwecksetzungserfordernis (lit. b) und der Grundsatz der Datenvermeidung (lit c.) etc. statuiert werden, enthält Art. 6 i. V. m. Art 7 DS-GrundVO veränderte Zulässigkeitsregeln im Hinblick auf die Anforderungen an eine Zustimmung des Betroffenen: der veränderten Zustimmungsdefinition in Art. 4 Nr. 8 DS-GrundVO entsprechend wird nun ein expliziter Akt (z. B. durch schriftliche Erklärung) verlangt, für dessen Vorliegen der Verantwortliche die Beweislast trägt (Art. 7 I DS-GrundVO) und der frei widerruflich bleibt (Abs. 2, vgl. Art. 19 DS-GrundVO). Daneben sieht Art. 7 IV DS-GrundVO vor, dass eine Zustimmung keine taugliche Rechtsgrundlage für die Datenverarbeitung bieten soll, wo zwischen den Beteiligten "ein erhebliches Ungleichgewicht besteht". Laut den Erläuterungen der Kommission soll ein solches zum Beispiel im

---

98 In diesen Fällen kommt weiterhin die VO Nr. 45/2001 zur Anwendung.
99 Für diesen Bereich sieht eine eigene Richtlinie spezifische Regelungen vor, siehe 6.10.3.

Verhältnis von Arbeitgeber zu Arbeitnehmer gegeben sein (KOM(2012) 11: Erwägungsgrund 34, S. 25).[100]

Art. 8 DS-GrundVO enthält neuartige besondere Vorschriften zum Schutz von Kindern unter 13 Jahren im Online-Umfeld. Für diese müssen grundsätzlich die Erziehungsberechtigen der Datenverarbeitung zustimmen. Die Verantwortlichen haben dies durch technische Schutzvorkehrungen zu sichern.

Zudem beinhaltet die Verordnung neben dem schon bekannten besonderen Schutz sensibler Daten in Art. 9 DS-GrundVO spezifische Regeln für die besondere Kategorie der Gesundheitsdaten, die deren Verarbeitung an erhöhte Voraussetzungen knüpfen, wonach solche Daten nur zu individuell oder allgemein gesundheitsbezogenen Zwecken verarbeitet werden dürfen (Art. 81 DS-GrundVO).[101]

*Qualität:* Auch hinsichtlich der Qualitätsanforderungen an die Datenverarbeitung enthält die Verordnung explizite Regeln: In Art. 23 DS-GrundVO werden die Verantwortlichen zur Einrichtung und Durchführung technischer Maßnahmen und Vorkehrungen verpflichtet, die u. a. sicherstellen, dass nur für die jeweiligen Zwecke notwendige Daten verarbeitet werden (Grundsatz der Datenvermeidung) und diese vor dem Zugriff Unberechtigter geschützt sind. Die Kommission wird ermächtigt, in delegierten Rechtsakten Kriterien und Anforderungen für diese Maßnahmen (Art. 23 Abs. 3 DS-GrundVO) sowie die technischen Standards hierfür festzulegen (Abs. 4). Art. 26 DS-GrundVO enthält ausführliche Vorschriften zu Auswahl, Anleitung und Überwachung von Dritten, die als Auftragsverarbeiter für den Verantwortlichen die Verarbeitung von Daten übernehmen. Art. 28 DS-GrundVO verpflichtet alle Beteiligten am Verarbeitungsprozess zur umfassenden Dokumentation desselben.

*Sicherheit:* Zur Gewährleistung der Sicherheit der Verarbeitung etwa vor Verlust oder Manipulation der Daten enthält Art. 30 Abs. 1, 2 DS-GrundVO zunächst nur die vergleichsweise unspezifische Verpflichtung des Verantwortlichen "unter Berücksichtigung des Stands der Technik und der Implementierungskosten technische und organisatorische Maßnahmen, die geeignet sind, ein Schutzniveau zu gewährleisten, das den von der Verarbeitung ausgehenden Risiken und der Art der zu schützenden personenbezogenen Daten angemessen ist", zu treffen. Jedoch wird diese Verpflichtung in Abs. 3 und 4 mit einer Ermächtigung der Kommission zum Erlass delegierter Rechtsakte, welche die Kriterien und Bedingungen dieser Maß-

---

100 Um die notwendigen Datenverarbeitungsprozesse in diesem Zusammenhang etwa bei der Bearbeitung von Bewerbungen oder bei der Organisation des Betriebsablaufs für die Arbeitgeber dennoch zu ermöglichen, enthält Art. 82 DS-GrundVO eine entsprechende Ermächtigung für die Mitgliedsstaaten hierfür Sonderregeln zu erlassen.
101 Auch erlaubt die Verordnung in Art. 85 DS-GrundVO Kirchen und Religionsgemeinschaften die Setzung eigener Datenschutzregeln, sofern diese im Einklang mit den Regeln der Verordnung stehen.

nahmen näher definieren, sowie von entsprechenden Durchführungsbestimmungen für die Aussichtsbehörden verknüpft.

*Transparenz:* Die tiefgreifendsten Veränderungen im Vergleich zum vorherigen Datenschutzstandard finden sich jedoch bei den Transparenzvorschriften. Die DS-GrundVO stattet den von einer Datenverarbeitung betroffenen EU-Bürger mit einer Reihe neuartiger Rechte und Ansprüche aus, die größtenteils ergänzend neben die schon in der DSRL angelegten Berechtigungen wie etwa den Auskunftsanspruch (jetzt Art. 15 DS-GrundVO) oder den Berichtungsanspruch gegenüber dem Verarbeiter (jetzt Art. 16 DS-GrundVO) treten. So soll dem Betroffenen ein "Recht auf Vergessenwerden und auf Löschung" zustehen: Er kann vom Verarbeiter die Löschung der ihn betreffenden Daten u. a. dann verlangen, wenn die Daten für den Zweck, für die sie erhoben wurden, nicht mehr notwendig sind (Art. 17 I lit. a DS-GrundVO), wenn der Betroffene seine Einwilligung widerrufen oder Widerspruch gegen die Verarbeitung eingelegt hat (lit. b, c) oder die Verarbeitung aus sonstigen "Gründen nicht mit den Vorgaben der Verordnung vereinbar" (lit. d) ist.[102] Zudem sieht Abs. 2 des Art. 17 DS-GrundVO vor, dass in den Fällen, in denen personenbezogene Daten durch den Verantwortlichen veröffentlicht wurden – also etwa, wenn der Betreiber eines sozialen Onlinenetzwerks Werbetreibenden die Auswertung von Nutzerdaten ermöglicht – der Verantwortliche diese Dritten über das Löschungsverlangen des Betroffenen, welches sich in diesen Fällen auch auf die Duplikate der Daten oder auf sie beziehende Verweise (Links) beziehen kann, zu informieren hat. Art. 17 Abs. 3 DS-GrundVO enthält einige Einschränkungen des grundsätzlichen Löschungsanspruchs, etwa wenn die Verarbeitung der Daten journalistischen oder künstlerischen Zwecken (lit. a i. V. m. Art. 80 DS-GrundVO) oder einem öffentlichen Interesse wie der Gesundheitsvorsorge dient (lit. b, c).[103]

Das in Art. 18 DS-GrundVO festgeschriebene Recht, vom Verantwortlichen einer entsprechenden elektronischen Datenverarbeitung eine Kopie des eigenen Datensatzes in einem gängigen Format zu erhalten (Abs. 1) bzw. diese zu einem anderen Verarbeiter zu übertragen (Abs. 2), könnte insbesondere im Onlineumfeld die Möglichkeit eröffnen, den Diensteanbieter zu wechseln ohne erhebliche informationelle Einbußen durch den Verlust der Nutzbarkeit der bisher aggregierten Informationen zu erleiden. So könnte beispielsweise ein 'Umzug' von einem sozialen Netzwerk in ein anderes möglich werden.[104]

---

[102] Alternativ kann der Betroffene auch statt Löschung eine nur noch beschränkte Verarbeitung der Daten fordern, Art. 17 IV DS-GrundVO.

[103] Art. 17 III lit. d DS-GrundVO dient der Abstimmung der Anforderungen der DS-GrundVO auf die Vorschriften der VorrD-RL.

[104] Verschärft werden zudem die Vorschriften bezüglich sogenannter 'Scoring'-Verfahren, welche, sofern sie rechtliche Folgen oder negative Auswirkungen für den Betroffenen haben, nur im Ausnahmefall gestattet sind (Art. 20 DS-GrundVO, die Verordnung spricht in diesem Zusammenhang von 'Profiling'; vgl. auch FN 10).

Neben die neuen Rechte der Betroffenen sollen zudem durch die DS-GrundVO neuartige Pflichten des Verantwortlichen treten: So werden die neuen Rechte der Betroffenen mit der Verpflichtung des Verantwortlichen flankiert, die zur Ausübung notwendigen Informationen und Antragsverfahren grundsätzlich kostenlos zur Verfügung zu stellen (Art. 12 i. V. m. 14 DS-GrundVO).[105]

Um in den Fällen der Anwendung der Verordnung auf nichteuropäische Verantwortliche einen Ansprechpartner zu haben, müssen diese gemäß Art. 25 DS-GrundVO in der Regel einen Vertreter in der EU benennen.

Nach der Verordnung soll eine vorherige Anmeldung von Datenverarbeitungsprozessen durch die Verantwortlichen grundsätzlich nicht mehr notwendig sein. Vielmehr haben vor risikobehafteten Verarbeitungen eine Folgenabschätzung durchzuführen (Art. 33 DS-GrundVO) und gemäß Art. 31 DS-GrundVO die jeweiligen nationalen Aufsichtsbehörden und nach Art. 32 DS-GrundVO die Betroffenen nach Verletzungen einer der Schutzvorschriften der Verordnung zu informieren, so dass diese hierauf reagieren können.[106]

Um ein behördliches Einschreiten zu motivieren, haben der Betroffene und auch entsprechende Interessengruppen wie etwa Verbraucherschutzverbände gemäß Art. 73 DS-GrundVO die Möglichkeit, bei der zuständigen Datenschutzbehörde Beschwerde einzulegen. Flankiert wird dieses Beschwerderecht vom Recht des Betroffenen bzw. entsprechender Organisationen gegen Entscheidungen der Behörde oder auch bei bloßer Untätigkeit derselben vor einem Gericht des Mitgliedstaats gegen die Behörde zu klagen (Art. 74 DS-GrundVO). Davon unbeschadet steht ihnen ein solches Klagerecht gemäß Art. 75 DS-GrundVO auch direkt gegen den Verantwortlichen zu.[107]

Geschärft werden sollen durch die Verordnung zudem die Sanktionsinstrumente der Aufsichtsbehörden. Diese können sowohl den Verantwortlichen selbst oder auch – im Falle außereuropäischer Verarbeitung – dessen Vertreter treffen (Art. 78 I, II DS-GrundVO). Die Verordnung sieht in diesem Zusammenhang nach der Schwere des Verstoßes gestaffelte Geldbußen bis zu einer Höhe von einer Mil-

---

105 Zu beachten ist jedoch stets, dass auch die skizzierten neuen Rechte der Betroffenen und die hierauf bezogenen Pflichten der Verantwortlichen von EU und Mitgliedstaaten weiterhin vornehmlich aus Gemeinwohlgründen verhältnismäßig eingeschränkt werden können (Art. 21 DS-GrundVO). Darüber hinaus klärt Art. 89 DS-GrundVO das Verhältnis der Verordnung zur DSRL-eK (einschließlich der durch die ePriv-RL vorgenommenen Änderungen) in der Art, dass sich aus der Verordnungen im Zusammenhang mit elektronischer Kommunikation keine neuen Verpflichtungen ergeben sollen, wenn die schon nach der DSRL-eK existierenden Pflichten dasselbe Ziel verfolgen wie die der DS-GrundVO.
106 Die Verordnung enthält in den Art. 46-54 DS-GrundVO im Vergleich zur DSRL noch einmal spezifischere und strengere Vorschriften, welche die Errichtung, adäquate Ausstattung mit Sach- und Personalmitteln, die Sicherung der Unabhängigkeit und die Befugnisse der nationalen Datenschutzbehörden betreffen.
107 Ergänzend enthält Art. 76 DS-GrundVO die schon bekannte Garantie eines Schadensersatzanspruchs für die Betroffenen.

lion Euro bzw. zwei Prozent des Jahresumsatzes des entsprechenden Unternehmens vor (Art. 78 DS-GrundVO).

*Weiteres:* Auch auf institutioneller Ebene enthält die Verordnung Neuerungen. So soll neben dem fortbestehenden 'Europäischen Datenschutzbeauftragten' gemäß Art. 64 ff. DS-GrundVO ergänzend der 'Europäische Datenschutzausschuss' treten, der sich aus den Leitern der mitgliedstaatlichen Datenschutzbehörden und dem Europäischen Datenschutzbeauftragten zusammensetzt (Art. 64 II DS-GrundVO). Er soll gemäß Art. 66 I DS-GrundVO sicherstellen, dass die Verordnung europaweit einheitlich angewandt wird.[108] Dementsprechend ist er neben der Kommission am neuen Kohärenzverfahren zur Absicherung der einheitlichen Anwendung der Verordnung durch die Behörden der Mitgliedstaaten beteiligt, in welchem er gemäß Art. 58 DS-GrundVO im Vorfeld von Maßnahmen der Behörden von gesamteuropäischer Relevanz eine Stellungnahme abgibt. Derartige Relevanz ist beispielsweise gegeben, wenn die Maßnahme sich auf Verarbeitungsprozesse bezieht, "[...] die mit dem Angebot von Waren oder Dienstleistungen für betroffene Personen in mehreren Mitgliedstaaten [...] in Zusammenhang stehen [...]" (Art. 58 II lit. a Alt. 1 DS-GrundVO). Jedoch bleibt die Kommission Herrin dieses Kohärenzverfahrens, da nur ihr die Möglichkeit gegeben wird, geplante Maßnahmen auszusetzen (Art. 60 DS-GrundVO) und damit die mitgliedstaatlichen Behörden zur Übernahme ihrer Ansichten zu zwingen, wenn diese sich weigern, die Stellungnahmen von Ausschuss und Kommission zu beachten. Auch kann sie mithilfe von Durchführungsrechtsakten gemäß Art. 62 DS-GrundVO verbindliche Leitlinien für die Anwendung der Verordnung setzen.

Die Übertragung von personenbezogenen Daten an Behörden in Drittstaaten außerhalb der EU oder an internationale Organisationen ist gemäß Art. 40-45 DS-GrundVO grundsätzlich nur zulässig, wenn die Kommission für den Empfängerstaat bzw. für die internationale Organisation generell oder im Einzelfall festgestellt hat, dass bei dieser bzw. in dem Drittstaat ein dem Niveau in der EU vergleichbarer Datenschutz besteht.

Die DS-GrundVO enthält an vielen Stellen Ermächtigungen für die Kommission zur näheren Ausgestaltung der Regelungen der Verordnung delegierte Rechtsakte zu erlassen, u. a. beispielsweise in Art. 8 III DS-GrundVO zu den Anforderungen an die technischen Schutzvorkehrungen, welche die Zustimmung der Erziehungsberechtigen zur Verarbeitung der Daten von Kindern sicherstellen, in Art. 17 VI DS-GrundVO zu den näheren Voraussetzungen des Löschungsanspruchs, in Art. 18 III DS-GrundVO zu den Einzelheiten des Rechts auf Datenübertragbarkeit, in Art. 22 IV DS-GrundVO hinsichtlich der allgemeinen Pflichten des Verantwortlichen, in Art 23 III DS-GrundVO und Art. 30 III, IV DS-GrundVO bezüglich der Anforderungen an die technischen Maßnahmen und Verfahren zum Datenschutz, in

---

108 Der Europäische Datenschutzausschuss ersetzt damit die bisherige sog. Artikel-29-Gruppe.

Art. 28 V DS-GrundVO hinsichtlich der Dokumentationspflichten des Verantwortlichen etc.

In Art. 86 DS-GrundVO legt die Verordnung die Bedingungen für den Erlass der delegierten Rechtsakte durch die Kommission fest. Die Befugnis hierzu wird der Kommission danach auf unbestimmte Zeit übertragen (Abs. 2), die Übertragung kann jedoch von Parlament oder Rat widerrufen werden (Abs. 3). Ein Rechtsakt erlangt Wirksamkeit, wenn nicht Parlament noch Rat innerhalb von zwei Monaten gegen diesen einen Einwand erhoben, dies zumindest angekündigt oder die Frist hierzu um weitere zwei Monate verlängert haben (Abs. 5).

*6.10.3 Richtlinie für die Datenverarbeitung im Rahmen von Kriminalitätsprävention, Strafverfolgung und -vollstreckung: Anwendungsbereich und Grundzüge der inhaltlichen Regelung*

Neben der DS-GrundVO soll nach den Plänen der Kommission die Richtlinie für die Datenverarbeitung im Rahmen von Kriminalitätsprävention, Strafverfolgung und -vollstreckung (DSRL-Straf) treten. Diese erfasst ausweislich des Art. 2 I, III i. V. m. 1 I Straf-DSRL nur die Verarbeitung von Daten zum Zwecke der Kriminalitätsprävention, Strafverfolgung und -vollstreckung, die dem Unionsrecht unterfallen, also z. B. nicht dem Bereich nationaler Sicherheit zuzuordnen sind und auch nicht von Einrichtungen oder Organen der EU selbst vorgenommen werden. Die Richtlinie setzt damit also Vorgaben für jedwede Verarbeitung von Daten durch die polizeilichen und justiziellen Behörden der Mitgliedsstaaten in diesen Zusammenhängen und setzt damit – anders als noch der Rahmenbeschluss 2008/977/JI – keine Übertragung der Daten zwischen den Mitgliedstaaten oder zwischen einem Mitgliedsstaat und einer EU-Einrichtung mehr voraus.

Während die Definitionen der wichtigsten Rechtsbegriffe in Art. 3 Straf-DSRL denen der DS-GrundVO entsprechen, führt die Richtlinie in Art. 5 Straf-DSRL eine Differenzierung nach verschiedenen Kategorien von betroffenen Personen wie Verdächtigen (Abs. 1 lit. a), verurteilten Straftätern (Abs. 1 lit. b) oder Opfern einer Straftat (Abs. 1 lit c.) etc. ein, für die sich im Folgenden die datenschutzrechtlichen Ansprüche inhaltlich unterscheiden. Zudem soll gemäß Art. 6 Straf-DSRL nach Richtigkeit und Zuverlässigkeit der Daten, die im Zusammenhang mit Strafverfolgung naturgemäß divergieren, differenziert werden.

*Zulässigkeit:* Hinsichtlich der Zulässigkeit der Datenverarbeitung enthält die Richtlinie in Art. 7 Straf-DSRL Vorgaben für die möglichen Zwecke der Verarbeitung, wie Kriminalitätsprävention, Strafverfolgung oder Strafvollstreckung (lit. a), gesetzliche Verpflichtungen des Verantwortlichen (lit. b.), Wahrung lebenswichtiger Interessen einer natürlichen Person (lit. c), oder Vermeidung von Gefahren für die öffentliche Sicherheit (lit. d). Nur wenn ein solcher Zweck vorliegt, ist die Verarbeitung rechtmäßig, was einer der in Art. 4 Straf-DSRL statuierten Grundsätze der Richtlinie (lit. a), die denen des Art. 5 DS-GrundVO entsprechen, ist.

Wie schon im Rahmenbeschluss 2008/977/JI ist die Verarbeitung besonders sensibler Daten gemäß Art. 8 Straf-DSRL nur in Ausnahmefällen zulässig, wobei zwei neue Ausnahmen aufgenommen wurden: Wahrung lebenswichtiger Interessen einer natürlichen Person (lit. b) sowie der Fall, dass der Betroffene die Daten bereits selbst öffentlich zugänglich gemacht hat (lit. c). Art. 9 Straf-DSRL enthält zudem weiterhin ein grundsätzliches Verbot automatisierter Einzelentscheidungen mit Ausnahmevorbehalt, wobei die Richtlinie nun wie die DS-GrundVO in diesem Zusammenhang von 'Profiling' spricht.

*Qualität:* Wie die DS-GrundVO enthält auch die Straf-DSRL eine Verpflichtung des Verantwortlichen, die datenschutzspezifische Qualität der Verarbeitungsprozesse und den Grundsatz der Datenvermeidung durch technische und organisatorische Maßnahmen zu sichern (Art. 19 Straf-DSRL). Es finden sich zudem ähnliche Vorgaben für Auswahl, Anleitung und Überwachung von Auftragsverarbeitern, die Dokumentation von Verarbeitungen und die Zusammenarbeit mit der Aufsichtsbehörde (Art. 21-26 Straf-DSRL).

*Sicherheit:* Auch im Hinblick auf die sicherheitsbezogenen Vorschriften folgt die Richtlinie dem Modell der DS-GrundVO. Sie enthält in Art. 27 Straf-DSRL eine Verpflichtung zur Vorsorge durch technische und organisatorische Maßnahmen, welche die in Abs. 2 aufgelisteten, vergleichsweise konkreten Zwecksetzungen – wie u. a. Zugangskontrolle oder Benutzerkontrolle – sicherstellen sollen, sowie in Abs. 3 die Ermächtigung der Kommission erforderlichenfalls entsprechende Durchführungsbestimmungen zu erlassen.

*Transparenz:* Den Grundzügen der DS-GrundVO entsprechend enthält auch die Richtlinie umfassende Berechtigungen für den Betroffenen, wie das Recht auf Auskunft (Art. 12 Straf-DSRL), auf Berichtigung unzutreffender Daten (Art. 15 Straf-DSRL) und auf Löschung oder nur eingeschränkte Nutzung grundsatzwidrig bzw. unrechtmäßig verarbeiteter Daten (Art. 16 Straf-DSRL).[109] Ergänzt werden diese Rechte von einer Verpflichtung der Verantwortlichen die Betroffenen umfassend über die Umstände der Verarbeitung zu unterrichten (Art. 11 Straf-DSRL).[110]

Ganz im Sinne des Leitbild der DS-GrundVO weitet die Richtlinie auch die sonstigen Pflichten des Verantwortlichen aus: Dieser hat bei einer Verletzung des Schutzes personenbezogener Daten zum einem die zuständige Aufsichtsbehörde (Art. 28 Straf-DSRL), zum anderen den Betroffenen hierüber zu informieren

---

109 Im Gegensatz zu Art. 17 DS-GrundVO erfasst das Recht aus Art. 16 Straf-DSRL keine bloß unnötig gewordenen Datenbestände.

110 Jedoch ist zu beachten, dass gemäß Art. 11 IV, 13 Straf-DSRL den Mitgliedstaaten die Möglichkeit verbleibt Informationspflichten und das Auskunftsrecht aus sicherheits- oder auf die Zwecke der Richtlinie bezogenen Gründen verhältnismäßig zu beschränken.

(Art. 29 Straf-DSRL).[111] Auf dieser Informationsgrundlage kann dann der Betroffene sein Beschwerderecht gegenüber der Aufsichtsbehörde (Art. 50 Straf-DSRL) oder seine Rechte auf Rechtsbehelfe gegen die Aufsichtsbehörde und auch den Verantwortlichen selbst bzw. dessen Auftragsverarbeiter (Art. 51, 52 Straf-DSRL) geltend machen sowie einen ihm zustehenden Schadenersatzanspruch (Art. 54 Straf-DSRL) durchsetzen.[112]

Anders als noch nach dem Rahmenbeschluss 2008/977/JI hat der Verantwortliche jetzt laut Art. 30-32 Straf-DSRL einen Datenschutzbeauftragten zu benennen, dessen Stellung und Aufgaben im Wesentlichen denen einer Datenschutzbeauftragten nach der DS-GrundVO entsprechen.

Ebenso sind die Vorschriften zu Einrichtung, Ausstattung und Befugnissen der Aufsichtsbehörden in Art. 38-47 Straf-DSRL vergleichbar. Art. 39 II Straf-DSRL sieht dementsprechend vor, dass die Mitgliedsstaaten die Aufgaben derselben Behörde übertragen können, die auch die Aufsichtsfunktion nach der DS-GrundVO wahrnimmt. Weniger konkret als in der Grundverordnung sind indes die Vorgaben zu den Sanktionsmitteln ausgestaltet. Nach Art. 55 Straf-DSRL müssen diese nur "wirksam, verhältnismäßig und abschreckend" sein.

*Weiteres:* Der Europäische Datenschutzausschuss, der mit der DS-GrundVO errichtet werden soll, nimmt im Rahmen der Richtlinie nur beratende Funktionen wahr (Art. 49 Straf-DSRL).[113]

Grundsätzlich möglich ist nach der Straf-DSRL auch ein Datentransfer in außereuropäische Drittstaaten oder eine internationale Organisation zum Zwecke der Prävention oder Verfolgung von Straftaten bzw. der Strafvollstreckung (Art. 33 lit. A Straf-DSRL). Dieser steht jedoch gemäß Art. 34 Straf-DSRL mit Verweis auf die entsprechenden Vorschriften der DS-GrundVO grundsätzlich unter dem Vorbehalt der Feststellung eines angemessenen Datenschutzniveaus im Empfängerstaat durch die Kommission.[114]

Wie die DS-GrundVO enthält auch die Straf-DSRL an verschiedenen Stellen Ermächtigungen für die Kommission zum Erlass delegierter Ausgestaltungsrechtsakte und Durchführungsbestimmungen. Gemäß Art. 56 II Straf-DSRL gelten diese Ermächtigungen in der Regel zeitlich unbefristet.[115]

---

111 Zu beachten ist jedoch, dass die Benachrichtigungspflicht gegenüber dem Betroffenen ausweislich von Art. 29 III Straf-DSRL nicht erforderlich ist, wenn der Verantwortliche nachweist, geeignete technische Schutzmaßnahmen getroffen und diese auch auf die betroffenen Daten angewendet hat. Des Weiteren verweist Art. 29 IV Straf-DSRL auf die weiteren Einschränkungsgründe in Art. 11 IV Straf-DSRL.
112 Im Unterschied zur DS-GrundVO sieht die Straf-DSRL jedoch keine Möglichkeit der Verbandsklage vor.
113 Einen dem Kohärenzverfahren der DS-GrundVO vergleichbaren Mechanismus sieht die Richtlinie nicht vor.
114 Art. 35, 36 Straf-DSRL enthalten wiederum Ausnahmen von diesem Erfordernis.
115 Ein Widerspruchsrecht gegen Rechtsakte der Kommission steht ausweislich Art. 56 V Straf-

*6.10.4 Analyse im Hinblick auf die Erfüllung der theoretischen Anforderungsprofile*

Die Definition des Ziel des Entwurfs der neuen Datenschutzgrundverordnung findet sich gleich zu Beginn des regulativen Teils:

> "1. Diese Verordnung enthält Vorschriften zum Schutz natürlicher Personen bei der Verarbeitung personenbezogener Daten und zum freien Verkehr solcher Daten.
>
> 2. Die Verordnung schützt die Grundrechte und Grundfreiheiten natürlicher Personen und insbesondere deren Recht auf Schutz personenbezogener Daten.
>
> 3. Der freie Verkehr personenbezogener Daten in der Union darf aus Gründen des Schutzes natürlicher Personen bei der Verarbeitung personenbezogener Daten weder eingeschränkt oder verboten werden." (Art. 1 DS-GrundVO)

Die Verordnung entkoppelt hier die beiden, das europäische Datenschutzrecht prägenden Regulierungsziele (Schutz personenbezogener Daten und Schutz des freien Datenverkehrs), indem sie in Abs. 1 nur feststellt, dass beide betroffen sind und dann jedem Ziel einen eigenen Absatz widmet, ohne diese in ein direktes Verhältnis zu setzen. Allerdings bringt Abs. 2 eindeutig zum Ausdruck, dass eine Beschränkung des freien Datenverkehrs aus Datenschutzgründen nicht zulässig ist und diesem Regulierungsziel somit im Zweifel Vorrang einzuräumen ist.

Dem entspricht auch die Zieldefinition in der Straf-DSRL:

> "1. Diese Richtlinie enthält Bestimmungen zum Schutz natürlicher Personen bei der Verarbeitung personenbezogener Daten durch die zuständigen Behörden zum Zwecke der Verhütung, Aufdeckung, Untersuchung oder Verfolgung von Straftaten oder der Strafvollstreckung.
>
> 2. Gemäß dieser Richtlinie stellen die Mitgliedstaaten Folgendes sicher:
>
> a) Schutz der Grundrechte und Grundfreiheiten natürlicher Personen, insbesondere Gewährleistung ihres Rechts auf Schutz personenbezogener Daten *und*
>
> b) Sicherstellung, dass der Austausch personenbezogener Daten zwischen den zuständigen Behörden in der Union nicht aus Gründen des Schutzes natürlicher Personen bei der Verarbeitung personenbezogener Daten eingeschränkt oder verboten wird."
> (Art. 1 Straf-DSRL, Hervorhebung nicht im Original)

Abs. 2 verbindet die Zielwerte Datenschutz und Datenaustausch, wobei auch hier dem Datenverkehr Vorrang eingeräumt wird.

---

DSRL dem Parlament und dem Rat nur bei Rechtsakten zur näheren Bestimmung der Kriterien und Anforderungen für die Tatbestände der Schutzverletzung und der hieran anknüpfenden Meldepflicht i.S.d Art. 28 I, II Straf-DSRL zu.

Die Analyse der materiellen Inhalte der beiden Entwürfe zeigt jedoch, dass es bei einer direkten Umsetzung des Kommissionsvorschlags in fast allen Belangen zu einer Stärkung des Individualdatenschutzes kommen würde:

**Tab. 12: Veränderung des europarechtlichen Individualdatenschutzstandard (IDS) durch den Reformvorschlag der Kommission vom 25.1.2012**

|  | Stand nach ePriv-RL (RL 2009/136/EG) | Stand mit DS-GrundVO und Straf-DSRL |
|---|---|---|
| **Anwendungsbereich** | automatisch oder in Datei gespeicherte *personenbezogene Daten* auch bei Organen und Einrichtungen der EG bzw. EU auch bei Polizei, Justiz, Militär etc. | auch nichteuropäische Verantwortliche werden erfasst, wenn sie Daten von Europäern verarbeiten Straf-DSRL setzt keine Datenübertragung mehr voraus |
| **Kategorie:** | | |
| Zulässigkeit | - Einwilligungserfordernis<br>- alternativ: Vorliegen eines definierten Zulässigkeitsgrundes, z. B. Vorratsdatenspeicherung<br>- verstärkter Schutz besonders sensibler Daten<br>- begrenzte Zulässigkeit automatisierter Einzelentscheidungen<br>- Schutz von Daten auf Endgeräten u. a. durch besonderes Einwilligungserfordernis<br>- Vorratsdatenspeicherungspflicht für min. 6 Monate<br>- Zugriffsrecht staatlicher Behörden auf Vorratsdaten<br>- Anforderungen von DSRL und DSRL-eK bei Vorratsdatenspeicherung großteilig außer Kraft | *Stärkung des IDS:*<br>- Einwilligung muss explizit erfolgen<br>- Einwilligung für Kinder bei Onlinediensten nur durch Eltern<br>- spezifische Regeln für Gesundheitsdaten<br>- spezielle Zulässigkeitsgründe für die Verarbeitung von Daten zur Prävention und Verfolgung von Straftaten und Strafvollstreckung |
| Qualität | - Zweckfestsetzungserfordernis: rechtmäßig, eindeutig<br>- speziell in VorrD-RL: Zweck der Bestimmbarkeit der Nutzer<br>- allgemeiner Grundsatz von Treu und Glauben<br>- Erfordernis sachlicher Richtigkeit<br>- Aktualisierungserfordernis | *Stärkung des IDS:*<br>- Verpflichtung zu technischen Vorkehrungen zur Datenvermeidung<br>- Erweiterung der Dokumentationspflichten |
| Sicherheit | - Erfordernis der Anweisung des verarbeitenden Personals<br>- Schutzvorkehrungserfordernis vor Verlust, Änderung etc.<br>*Im Bereich elektr. Kommunikation:*<br>- Tatbestand der Schutzverletzung<br>- umfassende Definition von Sicherheitsstandards | *keine Änderungen in VO* (nähere Ausgestaltung durch Kommission möglich)<br>- vergleichsweise konkrete Definition von Sicherheitszielen in Straf-DSRL |

| | | |
|---|---|---|
| Transparenz | - Auskunftsverpflichtungen/-anspruch<br>- Berichtigungs-, Sperrungs- und Löschungsanspruch bei Verstoß gegen RL<br>- Widerspruchsrecht aus berechtigtem Grund<br>- Rechtsbehelfsgarantie<br>- Schadensersatzanspruchsgarantie<br>- Recht auf Rufnummernunterdrückung<br>- Einwilligungserfordernis bei Einträgen in Teilnehmerverzeichnisse<br>- Einrichtung einer unabhängigen europäischen Kontrollstelle<br>*Im Bereich elektr. Kommunikation:*<br>- Informationspflichten bei Schutzverletzung<br>- Dokumentationspflicht über Schutzverletzungen<br>- Anforderungen von DSRL und DSRL-eK bei Vorratsdatenspeicherung großteilig außer Kraft | *Stärkung des IDS:*<br>- Recht auf Löschung ausgeweitet<br>- Recht auf Datenübertragbarkeit<br>- Verpflichtung zur kostenlosen Information<br>- Verpflichtung kostenlos Antragsverfahren zur Verfügung zu stellen<br>- allgemeine Informationspflichten bei Schutzverletzungen<br>- außereuropäische Verantwortliche müssen (haftenden) Vertreter benennen<br>- allgemeines Beschwerderecht bei Aufsichtsbehörde<br>- Möglichkeit der Untätigkeitsklage<br>- verschärfte Sanktionen<br>- Abgeschwächte Rechte und Verpflichtungen im Anwendungsbereich der Straf-DSRL |
| **Einschränkung** | Einschränkungsmöglichkeiten aus Gründen des Staatsschutzes, der Strafrechtspflege, besonderer Interessen etc.<br>Im Bereich elektr. Kommunikation: Erforderlichkeits- und Angemessenheitsprüfung | Erforderlichkeits- und Angemessenheitsprüfung bei allen Einschränkungen vorgeschrieben |

Quelle: eigene Darstellung, * Die Übersicht fasst den Stand des IDS nach der DSRL (RL 95/46/EG), Art. 286 EGalt, der VO Nr. 45/2001, der DSRL-eK (RL 2002/58/EG), der VorrD-RL (RL 2006/24/EG), Art. 8 GRC und Rahmenbeschluss 2008/977/JI zusammen.

Zunächst ist die erhebliche Ausweitung des Anwendungsbereichs des europäischen Datenschutzrechts zu betonen, welche die DS-GrundVO mit sich bringen würde. Durch die Anwendung der Verordnung auch auf außereuropäische Verarbeiter europäischer Daten würde dem bisher bestehenden praktischen Problem begegnet, dass insbesondere im Online-Umfeld viele Anbieter populärer Dienste (nur) in den USA beheimatet sind und bei der Verarbeitung von Nutzerdaten daher bisher das europäische Datenschutzrecht nicht beachten müssen.

Auch die Straf-DSRL hätte, wie erläutert, einen deutlich weiteren Anwendungsbereich als der aktuell geltende Rahmenbeschluss 2008/977/JI. Die Ausweitung der Anwendungsbereiche entspricht dabei insbesondere dem liberalen Anforderungsprofil, da sie die Zugriffs- und Nutzungskontrolle des Individuums im Bezug auf die es betreffenden personenbezogenen Daten verstärkt. Die umfassende bereichsspezifische Regulierung der Straf-DSRL erfüllt zudem im Grundsatz das sphärentheoretische Anforderungsprofil.

In den Bereichen Zulässigkeit und Transparenz kann eine deutliche Stärkung des Individualdatenschutzstandards im Sinne des grundlegenden Konzepts informierter Zustimmung des informierten Betroffenen festgestellt werden. Neue Informationspflichten respektive Ansprüche sollen eine ausreichende informationelle Grundlage gewährleisten, auf welcher der Betroffene über seine Zustimmung zur Verarbeitung eigenverantwortlich und bewusst bestimmen können soll. Zudem wird der Betroffene mit weitergehenden Kontrollmöglichkeiten über die Verwendung zum Beispiel durch das ausgeweitete Recht auf Löschung der ihn betreffenden Daten ausgestattet. Zuletzt erhält er etwa mit dem gestärkten Beschwerderecht mehr Möglichkeiten ein staatliches Eingreifen dort zu bewirken, wo er ohne Hilfe der Aufsichtsbehörden nicht in der Lage ist, seine Position gegenüber dem Verantwortlichen durchzusetzen. Diese Regeln entsprechen sowohl dem liberalen (vgl. Bernal 2011: 247-255) als auch – soweit faktisch nur eine faire Verhandlungssituation hergestellt wird – dem libertären Anforderungsprofil. Dass die starke Position des Betroffenen im Hinblick auf objektive Schutzvorschriften und subjektive Ansprüche im Anwendungsbereich der Straf-DSRL wieder abgeschwächt wird, kann dagegen im Sinne kommunitaristischer Forderungen interpretiert werden, da dies vorrangig dem Schutz des Gemeinguts öffentlicher Sicherheit dienen soll. Daneben liegen mit der besonderen Behandlung etwa von Gesundheitsdaten auch vereinzelte Regelungskomplexe vor, die dem sphärentheoretischen Modell entsprechen.

Während es in der Kategorie der Sicherheitsvorschriften durch die Grundverordnung selbst zu keinen wesentlichen Änderungen kommen würde, finden sich bei den Qualitätserfordernissen Veränderungen im Sinne des liberalen Anforderungsprofils wie die Ausweitung der Dokumentationspflicht, die mittelbar ebenfalls der Rechtsdurchsetzung des Betroffenen, aber auch der Effektivität staatlicher Aufsicht dienen kann.

Zuletzt ist die nun generell geltende Verpflichtung bei Einschränkungen von subjektiven Rechten des Betroffenen eine Verhältnismäßigkeitsprüfung vorzunehmen eindeutig als dem liberalen Anforderungsprofil entsprechend zu charakterisieren.

### 6.10.5 Bewertung des Kommissionsvorschlags für einen neuen Datenschutzrechtsrahmen – Chancen und Risiken

Die Analyse des Kommissionsentwurfs für eine grundlegende Reform des europäischen Datenschutzrechts hat gezeigt, dass sich die darin vorgeschlagenen Veränderungen nicht einheitlich als dem Modell eines theoretischen Anforderungsprofils entsprechend interpretieren lassen. Jedoch ist als grundlegende Ausrichtung ein

Festhalten am liberalen bzw. libertären Konzept informationeller Selbstbestimmung des Individuums zu erkennen, von dem nur in den Einzelaspekten, in denen Unzulänglichkeiten erkannt werden, abgewichen wird.

Dem Vorschlag kann zugestanden werden, dass er versucht das europäische Datenschutzrecht technikneutral und zukunftssicher fortzuentwickeln. Allerdings wird schon durch die eigenständigen Sonderregelungen der Straf-DSRL das Ziel eines einheitlichen europäischen Rechtsrahmens für den Datenschutz konterkariert (Europäischer Datenschutzbeauftragter 2012: 5-9).

Und auch aus rechtstechnischer Sicht ist hinsichtlich verschiedener Regelungen Kritik angebracht. So enthalten die Entwürfe einige unklare neue Regelungskonzepte und Rechtsbegriffe: Beispielsweise bleibt das "erhebliche Ungleichgewicht" in Art. 7 IV DS-GrundVO, bei dem die Zustimmung des Betroffenen in den Verarbeitung durch einen bestimmten Verantwortlichen unwirksam sein soll, inhaltlich unbestimmt und würde somit wahrscheinlich aufgrund der damit verbundenen weiterreichenden Konsequenzen (Rechtswidrigkeit der Datenverarbeitung) zu einem Einfallstor für gerichtliche Auseinandersetzungen. So könnte man argumentieren, dass ein solches erhebliches Ungleichgewicht grundsätzlich immer im Verhältnis von individuellem Nutzer und den Anbietern kostenloser Onlinedienste vorliegt (vgl. 3.8 am Ende). Auch wird nicht klar, warum die Kommission in der Überschrift von Art. 17 DS-GrundVO von einem "Recht auf Vergessenwerden (...)" spricht, wenn doch ein solches Recht nie vollstreckt werden könnte und zudem mit dem Terminus "Recht auf Löschung" eine viel treffendere Bezeichnung zur Verfügung steht.

Aus Sicht der mitgliedsstaatlichen Verfassungsgerichte wird zudem bemängelt, dass die DS-GrundVO die Datenschutzgrundrechte der Verfassungen der Mitgliedsstaaten mit ihrer teilweise langen Auslegungs- und Rechtssprechungsgeschichte überspielen würde, da für die direkt geltende Verordnung ausschließlich europäische Grundrechte (insbesondere Art. 8 GRC) anwendbar wären. Für diese bestehe aber aus Sicht des Betroffenen nur ein mangelhafter prozessualer Grundrechtsschutz vor dem EuGH (Masing 2012; vgl. auch Lang 2012: 150).

Des Weiteren muss man die vielen Ermächtigungen der Kommission zum Erlass delegierter ausgestaltender Rechtsakte kritisch sehen (vgl. 6.10.2). Die Ausgliederung so wesentlicher Regulierungsaspekte verzögert zum einen die Rechtssicherheit für Verantwortliche, Betroffene und Aufsichtsbehörden (Europäischer Datenschutzbeauftragter 2012: 14). Zum anderen führt sie zu einer ganz erheblichen datenschutzpolitischen Machtkonzentration bei der EU-Kommission, was im Hinblick auf deren nur sehr mittelbare demokratische Legitimation aus demokratietheoretischer Sicht kritisch zu sehen ist. Dem entspricht auch die Ausgestaltung des neuen Kohärenzverfahrens, mit dem die Kommission eindeutig zur letzten Entscheidungsinstanz über die gesamteuropäische Entwicklung der Anwendungspraxis des europäischen Datenschutzrechts würde.

Davon abgesehen kann man zuletzt fragen, ob die vorherrschende Fokussierung des europäischen Datenschutzrechts auf das Konzept informierter Zustimmung des Einzelnen als Ausdruck informationeller Selbstbestimmung in Anbetracht der praktischen Schwierigkeiten wirklich zukunftssicher ist (vgl. 3.8 am Ende; vgl. Nissenbaum 2011: 34; vgl. auch Bull 2011: 259).

## 6.11 Zusammenfassung der Analyseergebnisse

Nach alldem stellt sich die Entwicklung der vom Normgeber in den normativen Teilen der Rechtsakte zum europäischen Datenschutz formulierten Zweckdefinitionen von der ersten Datenschutzrichtlinie bis zum jüngsten Reformvorschlag der Kommission für einen neuen Datenschutzrechtsrahmen in der Übersicht wie folgt dar:

**Tab. 13: Veränderung der Zweckdefinitionen im europäischen Datenschutzrecht von der RL 95/46/EG bis zu DS-GrundVO und Straf-DSRL**

| Norm: | definierter Zweck |
|---|---|
| **DSRL** (RL 95/46/EG) | *Ausgangsdefinition:*<br>- Schutz personenbezogener Informationen ist Ziel des europ. Datenschutzrechts<br>- vorrangig ist aber das Ziel des freien Datenverkehrs zwischen den Mitgliedsstaaten |
| **DSRL-Telekom** (RL 97/66/EG) | *Stärkung des Zwecks Individualdatenschutz:*<br>Stufenverhältnisse der Zielsetzungen wird im Bereich der Telekommunikation zum Abwägungsverhältnis |
| **Art. 286 EGalt/ VO Nr. 45/2001** | *keine Veränderung* |
| **DSRL-eK** (RL 2002/58/EG) | *keine Veränderung* |
| **VorrD-RL** (RL 2006/24/EG) | Schutzgut Individualdatenschutz bleibt unerwähnt |
| **Art. 8 GRC und RB 2008/977/JI** | GRC: keine vom materiellen Gehalt der Norm unabhängige Zweckdefinition vorhanden; in Art. 1 I RB 2008/977/JI wird Individualdatenschutz mit Schutzziel öffentlicher Sicherheit verbunden |
| **ePriv-RL** (RL 2009/136/EG) | *Stärkung des Zwecks Individualdatenschutz:*<br>- Ergänzung um Vertraulichkeitsschutz<br>- Stärkere Bindungswirkung der Zweckdefinition wird angestrebt |
| **DS-GrundVO und Straf-DSRL** | *Ausgangsdefinition der DSRL mit Stufenverhältnis und Vorrang des Ziels freien Datenverkehr wird beibehalten* |

Quelle: eigene Darstellung

Es zeigt sich, dass die Bedeutung, die der Normgeber selbst dem Individualdatenschutz als Zweck der europäischen Rechtsakte zumisst, seit der ersten Datenschutzrichtlinie zunächst zunahm, dann aber in der Richtlinie zur Vorratsdatenspeicherung keine Erwähnung findet, während dagegen in der bisher letzten ePriv-RL dieser Zweck wiederum besonders betont wird.[116] Die VorrD-RL scheint folglich eine Sonderstellung innerhalb der Entwicklung des europäischen Datenschutzrechts einzunehmen.

Dies bestätigt sich, wenn man die Untersuchungsergebnisse der inhaltlichen Entwicklung des europäischen Datenschutzrechts vor dem Hintergrund der dargestellten theoretischen Anforderungsprofile im Überblick betrachtet:

---

[116] Und auch der Kommissionsentwurf geht jedenfalls nicht hinter die Ausgangsdefinition in der DSRL zurück.

**Tab. 14:** Veränderung des europarechtlichen Individualdatenschutzstandards von der RL 95/46/EG bis zu DS-GrundVO und Straf-DSRL

| Norm | Anwendungsbereich | | Kategorie | | | | | | | | | Einschränkung | |
|---|---|---|---|---|---|---|---|---|---|---|---|---|---|
| | | | Zulässigkeit | | Sicherheit | | Qualität | | Transparenz | | | | |
| **DSRL** RL 95/46/EG | Ausgangsdefinition | liberal/libertär | Ausgangsstandard | liberal/libertär | Ausgangsstandard | liberal | Ausgangsstandard | liberal | Ausgangsstandard | liberal/libertär | mgl. aus gemein. Interesse | kommunitaristisch |
| **DSRL-Telekom** RL 97/66/EG | Spezialbereich Telekomm. | Sphärentheorie | keine Veränd. | | keine Veränd. | | keine Veränd. | | Stärkung des IDS | liberal/libertär | keine Veränd. | |
| **Art. 286 EGalt/ VO Nr. 45/2001** | Ausdehnung | liberal | keine Veränd. | | keine Veränd. | | keine Veränd. | | Stärkung des IDS | liberal | keine Veränd. | |
| **DSRL-eK** RL 2002/58/EG | Spezialbereich elektr. Komm. | Sphärentheorie | Stärkung des IDS | liberal/libertär | keine Veränd. | | keine Veränd. | | Stärkung des IDS | liberal | Verhältnismäßigkeit ist zu prüfen | liberal |
| **VorrD-RL** RL 2006/24/EG | Spezialbereich elektr. Komm. | Sphärentheorie | Schwächung des IDS | kommunitaristisch | keine Veränd. | | keine Veränd. | | Schwächung des IDS | kommunitaristisch | keine Veränd. | |
| **Art. 8 GRC + RB 2008/977/JI** | Ausdehnung | liberal/Sphärenth. | keine Veränd. | | keine Veränd. | | keine Veränd. | | keine Veränd. | | keine Veränd. | |
| **ePriv-RL** RL 2009/136/EG | Spezialbereich elektr. Komm. | Sphärentheorie | Stärkung des IDS | liberal/libertär | Stärkung des IDS | liberal | keine Veränd. | | Stärkung des IDS | liberal | keine Veränd. | |
| **DS-GrundVO + Straf-DSRL** | Ausdehnung | liberal/Sphärenth. | Stärkung des IDS | liberal/libertär | keine Veränd. | | Stärkung des IDS | liberal | Stärkung des IDS | liberal/libertär | Verhältnismäßigkeit stets prüfen | liberal |

entsprechendes theoretisches Anforderungsprofil

Quelle: eigene Darstellung

Der Anwendungsbereich des europäischen Datenschutzrechts wurde (bisher) zweimal ausgedehnt, es blieb dabei aber stets bei den grundlegenden (weiten) Definitionen der ersten DSRL. Die Entwicklung entspricht insoweit liberalen Anforderungen. Für den Bereich der Telekommunikation bzw. elektronischen Kommunikation wurde mit der DSRL-Telekom eine spezifische Regelung eingeführt, die in der Folge durch die DSRL-ek, die VorrD-RL und die ePriv-RL weiter ausgestaltet wurde. Die Analyse im Hinblick auf die dargestellten theoretischen Anforderungsprofile hat gezeigt, dass durch diese Abgrenzung und Sonderbehandlung eines Kontextes zumindest in Bezug auf telekommunikationsbezogene Daten (und im eng begrenzten Anwendungsbereich des RB 2008/977/JI) die grundlegendste Anforderung der Sphärentheorie erfüllt wird, während sich sonstige Ansprüche dieses Ansatzes, wie die weitere Definition von Kontexten und entsprechenden Übertragungsverboten, im europäischen Datenschutzrecht nur ganz vereinzelt wiederfinden.

Im Hinblick auf die inhaltliche Entwicklung des europäischen Datenschutzrechts hebt sich die VorrD-RL deutlich von den sonstigen Rechtsakten ab. So werden die Zulässigkeits-, Sicherheits- und Transparenzvorschriften sowie die Vorgaben zu den möglichen Einschränkungen im Vergleich zum Ausgangsstandard durch die sonstigen Rechtsakte wenn, dann stets so verändert, dass der rechtliche Schutz individueller personenbezogener Daten bzw. der in ihnen repräsentierten Informationen im Sinne liberaler oder libertärer Anforderungen ausgebaut wird.[117] Die rechtliche Sicherung informationeller Selbstbestimmung des Bürgers wird hierdurch gestärkt.

Die Richtlinie zur Vorratsdatenspeicherung hingegen führt bei Zulässigkeits- und Transparenzregeln zu einer Schwächung des Individualdatenschutzes. Die Veränderungen entsprechen dabei dem kommunitaristischen Anforderungsprofil. Diese Sonderstellung der VorrD-RL mit ihrer starken Präferenz für das hoheitliche Interesse der Strafverfolgung wird verständlicher, wenn man den engen zeitlichen und sachlichen Zusammenhang des Normerlasses zu den Terroranschlägen in den USA im September 2001, in Madrid 2004 und in London 2005 beachtet. Diese Ereignisse prägten die politische Diskussion um die Notwendigkeit und Ausgestaltung der Vorratsdatenspeicherung durch die Europäische Union (Zöller 2007: 409).

Insgesamt hat die Analyse damit ein differenziertes Bild ergeben. Das europäische Datenschutzrecht lässt sich nicht als konsistent im Sinne liberaler, libertärer, kommunitaristischer oder gar sphärentheoretischer Anforderungen ausgestaltet begreifen, sondern enthält so unterschiedliche Regelungen, dass alle Ansätze zum vollständigen Verständnis herangezogen werden mussten.

---

117  Bei den Qualitätsvorschriften kommt es zu keiner wesentlichen Veränderung.

# 7. Fazit

Die Frage, wie mit personenbezogenen Informationen umgegangen werden soll, wird sowohl auf normativ-theoretischer Ebene als auch auf Ebene der rechtlichen Normierung differenzierend beantwortet. Die Untersuchung konnte dabei aus den vorgestellten normativ-theoretischen Ansätzen jeweils spezifische Anforderungsprofile für eine rechtliche Regelung ableiten. Teilweise stehen diese im Widerstreit miteinander, wie etwa die liberalen und die libertären Forderungen im Hinblick darauf, wie stark ein Abwehrrecht gegenüber staatlichen Eingriffen ausgestaltet sein muss. Teilweise sind sie aber auch durchaus miteinander vereinbar, wie die liberale und libertäre Forderung nach einer umfassenden Sicherung von Transparenz bei der Datenverarbeitung oder die liberale und kommunitaristische Forderung nach besonderem Schutz beziehungsrelevanter Informationen. Die Metaebene des Umgangs mit personenbezogenen Informationen betrifft dagegen der sphärentheoretische Ansatz, dessen Anforderungsprofil an das Datenschutzrecht sich inhaltlich deshalb weniger konkret bestimmen ließ. Dennoch eröffnet diese vergleichsweise neue Ansicht eine innovative Perspektive, aus der heraus sich Konfliktfälle in Zukunft analysieren und (kontextspezifische) Lösungsvorschläge – auch für rechtliche Normierungen – entwickeln lassen (vgl. Nissenbaum 2011: 36-45).

Die Analyse des europäischen Datenschutzrechts von der ersten Datenschutzrichtlinie bis zum Reformvorschlag der Kommission für einen neuen Datenschutzrechtsrahmen anhand von Zielbestimmung, Anwendungsbereich, Einschränkungsmöglichkeiten und dem Raster der vier Kategorien datenschutzrechtlicher Vorschriften im Hinblick darauf, welche der theoretischen Ansätze zum Verständnis der Regelungen herangezogen werden können, ergab dann ein differenziertes Bild. Die aufgeworfene Fragestellung kann folglich so beantwortet werden, dass sowohl das liberale, als auch das libertäre, kommunitaristische und sphärentheoretischen Anforderungsprofil bzw. die unterschiedlichen zugrundeliegenden Argumentationsfiguren geeignet sind, jeweils Teilaspekte des europäischen Datenschutzrechts verständlich zu machen bzw. als dort verwirklicht angesehen werden können. Man darf gespannt sein, wie der Reformvorschlag der Kommission vor diesem Hintergrund im nun angestoßenen Normsetzungsverfahren weiterentwickelt werden wird. In Anbetracht der teilweise heftigen Reaktionen auf den Entwurf (vgl. Masing 2012; vgl. Giesen 2012) und der Vielzahl der am Normsetzungsprozess beteiligten und von ihm betroffenen Akteure ist mit anhaltenden Diskussionen und umfassenden Anpassungen zu rechnen. Hierfür kann die nun vorliegende grundlegende inhaltliche Analyse des europäischen Datenschutzrechts im Hinblick auf die darin repräsentierten theoretischen Anforderungsprofile einen Interpretationshintergrund bieten und die Grundlagen der entsprechenden Argumentationen transparent machen.

Es erscheint somit sinnvoll sich von der Outputseite des politischen Systems EU der Inputseite zuzuwenden. Indem man die Inputs in die politischen Prozesse identifizieren und auf die darin repräsentierten theoretischen Anforderungsprofile untersuchen würde, könnte man ein explizit theoriegeleitetes Verständnis der Entstehung und Entwicklung des europäischen Datenschutzrechts insgesamt entwickeln.

# Literaturverzeichnis

Acquisti, Alessandro (2010): *From the Economics to the Behavioral Economics of Privacy: A Note.* In: Kumar, Ajay/Zhang, David (Hrsg.): ICEB 2010, LNCS 6005: 23–26.

Arndt, Hans-Wolfgang/Fischer, Kristian (2008): *Europarecht.* 9. Aufl., Heidelberg, C.F. Müller.

Bar-Hillel, Yehoshua/Carnap, Rudolf (1953): *Semantic Information.* In: The British Journal for the Philosophy of Science, Jahrg. 4, Nr. 14: 147-157.

Bateson, Gregory (2001): *Ökologie des Geistes.* Franfurt am Main, Suhrkamp.

Bernal, Paul Alexander (2011): *Do deficiencies in data privacy threaten our autonomy and if so, can informational privacy rights meet this threat?* PhD thesis, The London School of Economics and Political Science (LSE). Unter: <http://etheses.lse.ac.uk/321/>. Zuletzt abgerufen am 1.8.2012.

Bernsdorff, Norbert (2010): *Charta Art. 8 Schutz personenbezogener Daten.* In: Meyer, Jürgen (Hrsg.): Charta der Grundrechte der europäischen Union. 3. Aufl., Baden-Baden 2010, Nomos: Art. 8.

Bloustein, Edward J. (1984): *Privacy as an aspect of human dignity – An answer to Dean Prosser.* In: Schoenman, Ferdinand (Hrsg.), Philosophical Dimensions of Privacy – An Anthology. Cambridge 1984, Cambridge University Press: 156-202.

Britz, Gabriele (2008): *Das Grundrecht auf Datenschutz in Art. 8 der Grundrechtecharta.* In: Der Hessische Datenschutzbeauftragte (Hrsg.), Dokumentation der Fachtagung "Datenschutz in Deutschland nach dem Vertrag von Lissabon" am 09. Dezember 2008. Unter: <http://www.datenschutz.hessen.de/download.php?download_ID=188&download_now=1> Zuletzt abgerufen am 1.8.2012.

Bull, Hans Peter (2011): *Persönlichkeitsschutz im Internet: Reformeifer mit neuen Ansätzen.* In: Neue Zeitschrift für Verwaltungsrecht 2011: 257-263.

Bundesministerium des Inneren (2007): *BMI – Luftsicherheit -Fluggastdaten-Abkommen 2007.* Unter: <http://www.bmi.bund.de/cln_183/SharedDocs/Downloads/DE/Themen/Sicherheit/Terrorismus/Fluggastdaten_Abkommen_2007.html;jsessionid=F31C3773A42A7F2CCF25002FF26 38E81?nn=539826> Zuletzt abgerufen am 1.8.2012.

Carstens, Peter (2012): *Kriegserklärung des Innenministers.* In: faz.net 17.04.2012. Unter: <http://www.faz.net/aktuell/politik/inland/vorratsdatenspeicherung-kriegserklaerung-des-innenministers-11721166.html> Zuletzt abgerufen am 1.8.2012.

Case, Donald Owen (2007): *Looking for information.* London, Emerald Group Publishing.

Cohen, Julie E. (2000): *Examind Lives: Informational Privacy and the Subject as Object.* In: Stanford Law Review, Jahrg. 52, Nr. 5: 1373-1438.

Dammann, Ulrich/Simitis, Spiros (1997): *EG-Datenschutzrichtlinie: Kommentar*. Baden-Baden, Nomos.

DeCew, Judith (2008): *Privacy*. In: The Stanford Encyclopedia of Philosophy. Unter: <http://plato.stanford.edu/entries/privacy/> Zuletzt abgerufen am 1.8.2012.

Dreier, Horst (2006): *Art. 20 (Demokratie)*. In: Dreier, Horst (Hrsg.): Grundgesetz – Kommentar. 2. Aufl., Tübingen, Mohr Siebeck: Art. 20 GG.

Durner, Wolfgang (2006): *Zur Einführung: Datenschutzrecht*. In Juristische Schulung 2006: 213-217.

Ehmann, Eugen/Helfrich, Marcus (1999): *EG Datenschutzrichtlinie – Kurzkommentar*. Köln, O. Schmidt.

Etzioni, Amitai (1999): *The Limits of Privacy*. New York, Basic Books.

Europäischer Datenschutzbeauftragter (2012): *Stellungnahme des europäischen Datenschutzbeauftragten zum Datenschutzreformpaket*. Unter: <http://www.edps.europa.eu/EDPSWEB/webdav/site/mySite/shared/Documents/Consultation/Opinions/2012/12-03-07_EDPS_Reform_package_DE.pdf> Zuletzt abgerufen am 1.8.2012.

Europäisches Parlament/Rat/Europäische Kommission (2008): *Gemeinsamer Leitfaden des Europäischen Parlaments, des Rates und der Kommission für Personen, die in den Gemeinschaftsorganen an der Abfassung von Rechtstexten mitwirken*: Nr. 10. Unter: <http://eur-lex.europa.eu/de/techleg/10.htm> Zuletzt abgerufen am 1.8.2012.

Europäische Kommission (2007): *Stellungnahme der Kommission zur E-Privacy Richtlinie 2009/135/EG*. Unter: <http://eur-lex.europa.eu/LexUriServ/LexUriServ.do?uri=CELEX:52007PC0698:DE:HTML> Zuletzt abgerufen am 1.8.2012.

Europäische Kommission (2011): *Bewertungsbericht zur Richtlinie über die Vorratsdatenspeicherung (Richtlinie 2006/24/EG)*. Kom(2011) 225 endgültig. Unter: <http://eur-lex.europa.eu/LexUriServ/LexUriServ.do?uri=COM:2011:0225:FIN:DE:PDF> Zuletzt abgerufen am 1.8.2012.

Europäische Union (2007): *Erläuterungen zur Charta der Grundrechte der Europäischen Union*. C 303/17. Abrufbar unter: <http://eur-lex.europa.eu/de/treaties/dat/32007X1214/htm/C2007303DE.01001701.htm> Zuletzt abgerufen am 1.8.2012.

Europäische Union (2010a): *Zusammenfassung der EU-Gesetzgebung: Rechtsrahmen für die elektronische Kommunikation*. Unter: <http://europa.eu/legislation_summaries/internal_market/single_market_services/l24216a_de.htm> Zuletzt abgerufen am 1.8.2012.

Europäische Union (2010b): *Zusammenfassung der EU-Gesetzgebung: Datenschutz im Bereich der elektronischen Kommunikation*. Unter: <http://europa.eu/legislation_summaries/internal_market/single_market_services/l24120_de.htm> Zuletzt abgerufen am 1.8.2012.

Europäische Union (2011): *Zusammenfassung der EU-Gesetzgebung: Schutz von personenbezogenen Daten.* Unter:
<http://europa.eu/legislation_summaries/information_society/l14012_de.htm> Zuletzt abgerufen am 1.8.2012.

Fechner, Frank (2009): *Medienrecht.* 10. Aufl., Tübingen, Mohr Siebeck.

Floridi, Luciano (2006): *Four challenges for a theory of informational privacy.* In: Ethics and Information Technology, Jahrg. 8, Nr. 1: 109-119.

Foucault, Michel (1992): *Überwachen und Strafen – Die Geburt des Gefängnisses.* 10. Aufl., Frankfurt am Main, Suhrkamp.

Freedom House (2012a): *Country Report China 2012.* Abrufbar unter:
<http://www.freedomhouse.org/report/freedom-world/2012/china-0> Zuletzt abgerufen am 1.8.2012.

Freedom House (2012b): *Country Report Belarus 2012.* Abrufbar unter:
<http://www.freedomhouse.org/report/freedom-world/2012/belarus-0> Zuletzt abgerufen am 1.8.2012.

Frenz, Walter (2008): *Handbuch Europarecht: 4. Europäische Grundrechte.* Heidelberg, Springer.

Frenz, Walter (2009): *Handbuch Europarecht: 5. Wirkungen und Rechtsschutz.* Heidelberg, Springer.

Frenz, Walter (2011): *Europarecht.* Heidelberg, Springer.

Fried, Charles (1968): *Privacy.* In: The Yale Law Journal, Jahrg. 77, Nr. 3: 475-493.

Fried, Charles (1970): *An anatomy of values.* Cambridge, Harvard University Press.

Gavison, Ruth (1980): *Privacy and the Limits of Law.* In: The Yale Law Journal, Jahrg. 89, Nr. 3: 421-471.

Gerstein, Robert S. (1978): *Intimacy and Privacy.* In: Ethics, Jahrg. 89, Nr. 1: 76-81.

Giesen, Thomas (2012): *Brüssels Griff nach dem Datenschutz ist demokratiewidrig.* Unter:
<http://www.sueddeutsche.de/digital/digitale-buergerrechte-bruessels-griff-nach-dem-datenschutz-ist-demokratiewidrig-1.1360023> Zuletzt abgerufen am: 1.8.2012.

Gola, Peter/Klug, Christoph (2010): *Die Entwicklung des Datenschutzrechts in den Jahren 2009/2010.* In: Neue Juristische Wochenschrift 2010: 2483-2488.

Hasebrink, Uwe/Domeyer, Hannah (2010): *Zum Wandel von Informationsrepertoires in konvergierenden Medienumgebungen.* In: Hartmann, Maren/Hepp, Andreas (Hrsg.): Die Mediatisierung der Alltagswelt. Wiesbaden, VS Verlag für Sozialwissenschaften: 49-64.

Hesse, Konrad (1995): *Grundzüge des Verfassungsrechts der Bundesrepublik Deutschland.* 20 Aufl., Heidelberg, C. F. Müller.

Hohfeld, Wesley Newcomb (1913): *Fundamental Legal Conceptions*. In: The Yale Law Journal, Jahrg. 16, 1913/1914: 16-59.

Kersting, Wolfgang (1993): *John Rawls zur Einführung*. 1. Aufl., Hamburg, Junius.

Kingreen, Thorsten (2011): *EU-GRCharta Art. 7 Achtung des Privat- und Familienlebens*. In: Callies, Christian/Ruffert, Matthias (Hrsg.): EUV/AEUV – Das Verfassungsrecht der Europäischen Union mit Europäischer Grundrechtecharta. 4. Aufl., München 2011, C. H. Beck: Art. 7 GRC.

Knoll, Bodo (2008): *Minimalstaat – Eine Auseinandersetzung mit Robert Nozicks Argumenten*. Tübingen, Mohr Siebeck.

Krallmann, Dieter/Ziemann, Andreas (2001): *Grundkurs Kommunikationswissenschaft*. München, UTB.

Krebs, Angelika (2007): *46. Michael Walzer, Sphären der Gerechtigkeit (1983)*. In: Brocker, Manfred (Hrsg.): Geschichte des politischen Denkens. Franfurt am Main, 2007, Suhrkamp: 697-712.

Lang, Markus (2012): *Reform des EU-Datenschutzrechts*. In: Kommunikation und Recht 2012: 145-151.

Maletzke, Gerhard (1963): *Psychologie der Massenkommunikation*. Hamburg, Hans Bredow-Institut.

Manning, Rita C. (1997): *Liberal and Communitarian Defense of Workspace Privacy*. In: Journal of Business Ethics 16: 817-823.

Masing, Johannes (2012): *Ein Abschied von den Grundrecht*. In: Süddeutsche Zeitung vom 9.1.2012: 10.

Meyer, Lutz (1996): *John Rawls und die Kommunitaristen*. Würzburg, Königshausen und Neumann.

Mills, Jon L. (2008): *Privacy: the lost right*. Oxford, Oxford University Press.

Moore, Adam D. (2000): *Employee Monitoring and Computer Technology: Evaluative Surveillance v. Privacy*. In: Business Ethics Quarterly, Jahrg. 10, Nr. 3: 697-709.

Moore, Adam D. (2003): *Privacy: Its Meaning and Value*. In: American Philosophical Quarterly, Jahrg. 40, Nr. 3: 215-227.

Moos, Flemming (2010): *Die Entwicklung des Datenschutzrechts im Jahr 2009*. In: Kommunikation & Recht 2010: 166-173.

Müller, Bernadette (2011): *Empirische Identitätsforschung – Personale, soziale und kulturelle Dimensionen der Selbstverortung*. Wiesbaden, VS Verlag für Sozialwissenschaften.

Nagenborg, Michael (2008): *Digitale Sphären der Gerechtigkeit*. Vortrag auf dem 21. Deutschen Kongress für Philosophie. Gehalten am 18.09.2008. Unter: <http://www.dgphil2008.de/fileadmin/download/Sektionsbeitraege/07_Nagenborg.pdf> Zuletzt abgerufen am 1.8.2012.

Nida-Rümelin, Julian/Özmen, Elif (2007): *43. John Rawls, Eine Theorie der Gerechtigkeit (1971)*. In: Brocker, Manfred (Hrsg.): Geschichte des politischen Denkens. Franfurt am Main 2007, Suhrkamp: 651-666.

Nissenbaum, Helen (2004): *Privacy as Contextual Integrity*. In: Washington Law Review, Jahrg. 79, Nr. 1: 119-158.

Nissenbaum, Helen (2010): *Privacy in Context – Technology, Policy and Integrety of Social Life*. Stanford, Stanford Law Books.

Nissenbaum, Helen (2011): *A contextual approach to privacy online*. In: Daedalus – Journal of the American Academy of Arts & Sciences: 32-48.

Nozick, Robert (1974): *Anarchy, State and Utopia*. Oxford, Blackwell.

Ott, Sascha (2004): *Information: zur Genese und Anwendung eines Begriffs*. Konstanz, UVK.

Posner, Richard A. (1978): *An economic theory of privacy*. In: Regulation, Mai/Juni 1978: 19-26.

Posner, Richard A. (1981): *The economics of privacy*. In: American Economic Review, Jahrg. 71, Nr. 2: 405-409.

Rachels, James (1975): *Why Privacy is Important*. In: Philosophy & Public Affairs, Jahrg. 4, Nr. 4: 323-333.

Rawls, John (1971): *A Theory of Justice*. Original Edition, Cambridge, Harvard University Press.

Reese-Schäfer, Walter (2001): *Kommunitarismus*. 3. Aufl., Frankfurt am Main, Campus.

Regan, Priscilla M. (1995): *Legislating privacy: technology, social values, and public policy*. Chapel Hill, University of North Carolina Press.

Reiman, Jeffrey H. (1995): *Driving to the Panopticon: A philosophical Exploration of the Risks to Privacy posed by the Highway Technology of the Future*. In: Santa Clara Computer & High Technology Law Journal, Jahrg. 11: 27-44.

Roßnagel, Alexander (2010): *Die "Überwachungs-Gesamtrechnung" – Das BVerfG und die Vorratsdatenspeicherung*. In: Neue Juristische Wochenschrift 2010: 1238-1242.

Sandel, Michael (1984): *Introduction*. In: Sandel, Michael (Hrsg.): Liberalism and Its Critics. Oxford 1984, Blackwell: 1-11.

Sandel, Michael (1995): *Moral Argument and Liberal Toleration – Abortion and Homosexualty*. In: Etzioni, Amitai (Hrsg): New communitarian thinking: persons, virtues, institutions, and communities. Charlottesville 1995, University of Virginia Press: 71-87.

Scanlon, Thomas (1975): *Thomson on Privacy*. In: Philsophy & Public Affairs. Jahrg. 4, Nr. 4: 315-322.

Schild, Hermann (1999): *Die Richtlinie über die Verarbeitung personenbezogener Daten und den Schutz der Privatsphäre im Bereich der Telekommunikation*. In: Europäische Zeitschrift für Wirtschaftsrecht 1999: 69-74.

Schmidt, Jan (2009): *Das neue Netz: Merkmale, Praktiken und Folgen des Web 2.0*. Konstanz, UVK.

Schmidt-Aßmann, Eberhard (1987): *§ 24 Der Rechtsstaat*. In: Isensee, Josef/Kirchhof, Paul (Hrsg.) Handbuch des Staatsrechts der Bundesrepublik Deutschland. Band I. 1. Aufl., Heidelberg 1987, C. F. Müller: 987-1043.

Schneider, Karla (2010): *Der Einsatz bildgebender Verfahren im Strafprozess*. Köln, BoD.

Schüttemeyer, Suzanne S. (2010): *Checks and balances*. In: Nohlen, Dieter/Schultze, Rainer-Olaf (Hrsg.): Lexikon der Politikwissenschaft. Band 1: A-M. 4 Aufl., München 2010, C. H. Beck: 107-108.

Schwarzt, Barry (1969): *The Social Psychology of Privacy*. In: American Journal of Sociology, Jahrg. 73, Nr. 6: 741-752.

Sieber, Ullrich (1989): *Informationsrecht und Recht der Informationstechnik – Die Konstituierung eines Rechtsgebietes in Gegenstand, Grundfragen und Zielen*. In: Neue Juristische Wochenschrift 1989: 2569-2580.

Siegert, Gabriele/Brecheis, Dieter (2010): *Werbung in der Medien- und Informationsgesellschaft – Eine kommunikationswissenschaftliche Einführung*. 2. Aufl., Wiesbaden, VS Verlag für Sozialwissenschaften.

Siemen, Birte (2006): *Datenschutz als europäisches Grundrecht*. Berlin, Duncker & Humblot.

Streinz, Rudolf (2008): *Europarecht*. 8. Aufl., Heidelberg, C. F. Müller.

Thomson, Judith Jarvis (1975): *The Right to Privacy*. In: Philsophy & Public Affairs. Jahrg. 4, Nr. 4: 295-314.

Tinnefeld Marie-Theres/Ehmann, Eugen/Gerling, Rainer W. (2005): *Einführung in das Datenschutzrecht – Datenschutz und Informationsfreiheit in europäischer Sicht*. 4. Aufl., München, Oldenbourg.

van den Hoven, Jeroen (1997): *Privacy and the Varieties of Moral. Wrong-doing in an Information Age*. In: Computers and Society, Jahrg. 27, Nr. 3: 33-37.

van den Hoven, Jeroen/Vermaas, Pieter E. (2007): *Nano-Technology and Privacy: On Continuos Surveillance Outside the Panopticon*. In: Journal of Medicine and Philosophy, Jahrg. 32, Nr. 3: 283-297.

Vesting, Thomas (2008): *§ 20 – Die Bedeutung von Information und Kommunikation für die verwaltungsrechtliche Systembildung*. In: Hoffmann-Riem, Wolfgang/Schmidt-Aßmann, Eberhard/Voßkuhle, Andreas (Hrsg.): Grundlagen des Verwaltungsrechts, Band II. München 2008, C. H. Beck: 1-35.

Walzer, Michael (1983): *Spheres of justice*. New York, Basic Books.

Wanitschke, Matthias (2001): *Methoden und Menschenbild des Ministeriums für Staatssicherheit der DDR*. Köln, Böhlau.

Warren, Samuel D./Brandeis, Lewis D. (1890): *The Right to Privacy*. In: Harvard Law Review, Jahrg. 4, Nr. 5: 193-220.

Weaver, Warren/Shannon, Claude (1976): *Mathematische Grundlagen der Informationstheorie*. München, Oldenbourg.

Weber, Karsten (2005): *Das Recht auf Informationszugang*. Berlin, Frank & Timme.

Weiland, Severin (2011): *Justizministerium im Datenschutz-Dilema*. In: Spiegel-Online 18.4.2011. Abrufbar unter: <http://www.spiegel.de/politik/deutschland/0,1518,757743,00.html> Zuletzt abgerufen am 1.8.2012.:

Westin, Alan F. (1968): *Privacy and Freedom*. 5. Aufl., New York, Atheneum.

Whittington, Jan/Hoofnagle Chris Jay (2012): *Unpacking Privacy's Price*. In: North Carolina Law Review, Jahrg. 90: 1327-1370.

Wiener, Norbert (1948): *Cybernetics: or Control and communications in the animal and the machine*. 1. Aufl., New York, John Wiley & Sons.

Zilkens, Martin (2007): *Europäisches Datenschutzrecht – Ein Überblick*. In: Recht der Datenverarbeitung 2007: 196-201.

Zippelius, Reinhold (2006): *Juristische Methodenlehre*. 9. Aufl., München, C. H. Beck.

Zöller, Mark A. (2007): *Vorratsdatenspeicherung zwischen nationaler und internationaler Strafverfolgung*. In: Goltdammer's Archiv für Strafrecht, 2007: 393-414.

# Centaurus Buchtipp

*Stefan Holzer*

**Die Online-Durchsuchung**

Entwicklung eines neuen Grundrechts

Reihe Rechtswissenschaften, Bd. 211, 2009, 82 S.,
ISBN 978-3-8255-0733-6, € 17,90

Der Versuch des Gesetzgebers, die heimliche Online-Durchsuchung von Computern möglichst unauffällig als neue Ermittlungsmaßnahme einzuführen, ist gescheitert. Das Bundesverfassungsgericht hat mit seinem Urteil vom 27. Februar 2008 (Az.: 1 BvR 370/07) die Norm des nordrhein-westfälischen Verfassungsschutzgesetzes für verfassungswidrig erklärt, mit der eine heimliche Online-Durchsuchung ermöglicht werden sollte. Dadurch ist sowohl in der Politik als auch in der Öffentlichkeit eine kontroverse Debatte über diese Eingriffsmaßnahme eröffnet worden. Dies zeigt u. a. die langwierige Diskussion der Koalitionsparteien auf Bundesebene über die – grundgesetzkonforme – Einführung der heimlichen Online-Durchsuchung durch eine Novellierung des BKA-Gesetzes. Das Bundesverfassungsgericht hat das o. g. Verfahren aber auch zum Anlass genommen, ein neues Grundrecht zu entwickeln: das Grundrecht auf Gewährleistung der Vertraulichkeit und Integrität informationstechnischer Systeme.

Das Buch stellt das neue Grundrecht in seinen wesentlichen Grundzügen dar, versucht eine Abgrenzung des Schutzbereichs und zeigt die möglichen Konsequenzen für die Rechtsentwicklung auf. Neben einer Erläuterung der für die Online-Durchsuchung in Betracht kommenden technischen Methoden geht der Autor auch auf die rechtlichen Voraussetzungen der im Zusammenhang mit der Maßnahme nicht immer trennscharf abgegrenzten Überwachung des E-Mail-Verkehrs und die sog. „Quell-TKÜ" ein. Ein Blick in das Ausland gibt eine Übersicht über die dortigen Regelungen der heimlichen Online-Durchsuchung. Die Arbeit informiert zudem über die völkerrechtlichen Aspekte einer solchen Maßnahme, die auf Grund der weltweiten Vernetzung der Datenströme kaum auf das nationale Hoheitsgebiet beschränkt werden kann.

**www.centaurus-verlag.de**

# Centaurus Buchtipps

*Christian Reinhard*
**Rechte und Pflichten des Betriebsrats bei der Verwendung von Arbeitnehmerdaten**
Eine Untersuchung anhand betriebsverfassungsrechtlicher und datenschutzrechtlicher Vorgaben
Forum Arbeits- und Sozialrecht, Bd. 38, 2012, ca. 288 S.,
ISBN 978-3-86226-198-7, **€ 26,80**

---

*Jan Friedrich Beckmann*
**Rechtsgrundlagen der beruflichen Weiterbildung von Arbeitnehmern**
Forum Arbeits- und Sozialrecht, Bd. 37, 2012, 402 S.,
ISBN 978-3-86226-151-2, **€ 28,80**

---

*Bastian Kiehn*
**Konzernbetriebsrat und Konzernbetriebsvereinbarung in der Betriebs- und Unternehmensumstrukturierung**
Forum Arbeits- und Sozialrecht, Bd. 36, 2012, 264 S.,
ISBN 978-3-86226-153-6, **€ 25,80**

---

*Moritz Koch*
**Dreigliedrige Standortsicherungsvereinbarungen**
Forum Arbeits- und Sozialrecht, Bd. 35, 2012, 270 S.,
ISBN 978-3-86226-145-1, **€ 26,80**

---

*Sebastian Hacke*
**Medienaneignung von Jugendlichen aus deutschen und türkischen Familien**
Eine qualitativ-rekonstruktive Studie
Soziologische Studien, Bd. 37, 2012, 612 S.,
ISBN978-3-86226-075-1, **€ 28,80**

---

*Julia Anna Martlreiter*
**Europäisierung des vergaberechtlichen Primärrechtsschutzes bei Unterschwellenaufträgen**
Europarechtliche Einflüsse und Anforderungen, Verfassungsmäßigkeit, Rechtsschutzmöglichkeiten
Aktuelle Beiträge zum öffentlichen Recht, Bd. 14, 2011, 240 S.,
ISBN978-3-86226-115-4, **€ 26,80**

---

*Jochen Stockburger*
**Unternehmenskrise und Organstrafbarkeit wegen Insolvenzstraftaten**
Eine Untersuchung zu aktuellen Problemen der Bestimmung der strafrechtlichen Krisenmerkmale und der Strafhaftung von AG-Vorständen und GmbH- und UG-Geschäftsführern wegen Insolvenzstraftaten
Reihe Rechtswissenschaften, Bd. 215, 2011, 364 S.,
ISBN 978-3-86226-093-5., **€ 25,80**

Informationen und weitere Titel unter **www.centaurus-verlag.de**

MIX
Papier aus verantwortungsvollen Quellen
Paper from responsible sources
**FSC® C105338**

If you have any concerns about our products,
you can contact us on
**ProductSafety@springernature.com**

In case Publisher is established outside the EU,
the EU authorized representative is:
**Springer Nature Customer Service Center GmbH
Europaplatz 3, 69115 Heidelberg, Germany**

Printed by Libri Plureos GmbH
in Hamburg, Germany